KB271287

잠들기 전에 읽는 명상 고전

잠 들 기 전 에 읽 는

명상 고전

| 박상하 지음 |

씽크북

너에게 띄우는
첫 번째 편지

낙타는 왜 푸른 초원을 내버려두고
뜨거운 사막으로 걸어갔을까

바람이 분다. 바람에 몸을 기대어 본다. 나무 가지에 쉴 새 없이 와서는 나뭇잎을 흔들어대고 있는 바람에 또 속절없이 몸을 기대어본다. 쓰러지지 않고 비로소 두 눈을 지그시 감아본다.

돌아보면 올 한 해는 유난히 힘들었다. 어쩌면 지금까지 살아온 생애 가운데 가장 힘들었는지 모른다. 얼마나 힘이 들었으면 그만 읽고 쓰는 일조차 손을 놓은 채 번민에 휩싸인 날이 하루 이틀이 아니었다. 그것은 정녕 악몽이 다름 아니었던 것이다.

나는 악몽에서 벗어나고 싶었다. 미망에 빠져 있는 그 악몽과

"

도 같은 번민에서 어떻게든 헤어나고 싶었다.

친구들을 만났다. 친구들을 만나 악몽을 애기했다. 악몽을 요절내고 싶었던 것이다.

한데 악몽은 비단 나만이 꾸고 있는 것이 아니었음을 그때 알았다. 얼굴에 그윽한 미소가 그치지 않아 시치미를 알아차리지 못했을 뿐, 실은 저마다 명치 끝에 걸려있는 숨은 통증과도 같이 그렇게 번민을 달고 살아왔음을 그때 비로소 알 수 있었다. 친구들의 인생 또한 내 처지와 조금도 다르지 않았던 것이다.

이 원고는 처음 그렇게 시작되었다. 처음에는 그런 우리들의 그저 하루 동안의 마음을 가라앉히기 위해서, 그러다 점차 우리의 내일을 기약하는 마음 추스르기로까지 이어졌다.

우리는 행복하기 위해 많은 것을 버릴 수밖에 없다. 때로는 안타깝지만 너무도 소중한 것을, 또 때로는 나를 버리는 희생조차 기어이 마다하지 않는다. 행복을 위해서라면 아픔쯤은 얼마든지 감수하곤 하는 것이다.

그러나 인생이라는 여정은 우리가 미처 알지 못하고 있는 게 너무도 많다. 산이 높은 건 올라가봐야 알고 계곡이 깊은 건 내려가 봐야 비로소 알 수 있는 것처럼, 자신이 막상 그러한 처지에 놓이기 전에는 미처 알 수 없는 게 너무나도 많다. 우리가 고뇌할 수밖에 없는 이유다. 우리를 곧잘 비틀거리게 만드는 이유도 딴은 여기에 기인한다.

「잠들기 전에 읽는 명상 고전」은 순전히 길 위에서 쓰여졌다고 해도 과언이 아니다. 우리 집 뒷산에 우거진 숲 사이로 한 두 사람이 걸을 수 있는 오솔길이 나있다. 나는 그 오솔길을 새싹이 막 움트기 시작한 이른 봄부터 여름을 지나고 가을도 떠나보낸 뒤, 그리고 겨울이 다가올 때까지 거의 매일같이 홀로 걸었다. 그 오솔길을 홀로 걸으면서 생각에 잠겨들고는 했다.

'낙타는 왜 푸른 초원을 내버려두고 뜨거운 사막으로 걸어갔을까?'

나는 이제 이 이야기를 너와 차츰 나누게 될 것이다. 산새 소리 청아한 뒷산의 오솔길을 홀로 걸으면서, 그 길 위에서 건져 올

린 생각들을 잠들기 전에 너와 함께 도란도란 이야기하게 될 것
이다.

부암동 우거에서, 박상하

| 차례 |

너에게 띄우는 첫 번째 편지

너에게 띄우는 편지(두 번째 편지부터 서른한 번째 편지까지)

너에게 띄우는 서른두 번째 편지

너에게 띄우는 편지

두 번째 편지부터
서른한 번째 편지까지

하찮은 일에도
곧잘 상처를 받을 때

하찮은 일에도 나는 곧잘 상처를 받게 된다. 하찮은 일인 줄 뻔히 알면서도 그 상처에서 여간 헤어나지를 못한다. 상처는 어떻게 해볼 겨를도 없이 어느새 내 몸 안까지 곧장 날아 들어와 이미 자리잡고야 말기 때문이다.

더구나 하찮은 일은 이내 지나가고 말지만, 상처는 너무도 뚜렷하게 남는다. 비명을 지를 수도 없는 이런 예리한 상처는 내 몸 안까지 빠르게 엄습하여 가슴을 온통 헤집어놓곤 한다.

어디 그 뿐이던가. 마음의 상처도 상처이지만, 그럴 적마다 나는 왜 자신에게 그토록 화가 나는지. 시간이 지나도 화인처럼 내 몸 안에 여전히 남아 오랫동안 지워지질 않는지.

물론 꾸욱 참아보려고 무진 애도 써 보았다. 하지만 아무 소용 없었다.

그러면 그럴수록 되레 화는 머리끝을 향해 한사코 뻗쳐올랐으니까. 기어이 내 몸 안의 무언가를 일정 부분 소모시키거나 철저히 파괴시키고 난 다음에라야 겨우 진정이 되었으니까. 하다못해 술이라도 몇 모금 입안에 털어 넣어야 만이 겨우 화를 삭일 수 있었으니까. 큰일도 아닌 꼭이 하찮은 일에 그만 상처를 받고, 그 상처 때문에 다시 화가 터져 나와, 그래서 내 몸 안을 마구 휘저어놓은 다음에라야 비로소 그 몹쓸 하찮은 일로부터 벗어날 수가 있게 되었으니 말이다.

실은 나도 그렇다. 나 역시 하찮은 일에 곧잘 상처를 받곤 한다. 그때마다 벗어나고자 마음의 다짐도 수없이 해보았다.

하지만 누구나 마찬가지여서 나 또한 쉽지 않는 일이었다. 어느새 예리한 상처에 사로잡히고 말면서 그만 헝클어져 휘청거리게 되기 일쑤였다.

하긴 어떤 친구는 아직도 순진한 때를 다 벗지 못해서라고 내게 지적을 하곤 한다. 자신은 하찮은 일쯤에 부딪쳐보았자 마음의 상처 따윈 좀처럼 받지 않는다고 뻐긴다. 이내 훌훌 털어버리고서 호기스럽게 웃어넘길 수 있다는 거다.

나는 이런 친구의 손을 들어줄 수가 없다. 부딪쳐도 상처를 받지 않는다는 이런 무딘 자의 마음을 결코 이해할 수가 없다.

차라리 상처로 아파하는 자를 끌어안아주고 싶다. 상처로 몸부림치는 자의 그 따뜻한 체온에 힘껏 손을 붙잡아주고 싶다.

그렇대도 너와 내겐 상처가 여전히 남는다. 여전히 남아 육신을 힘들게 한다. 예기치 않게 불쑥 튀어나오곤 하는 그러한 상처 때문에 그만 심한 허탈감에 빠져들곤 하는 것이다.

여기서 너와 나는 조금도 다르지 않다. 복잡하게 얽혀있는 일상에서 우린 벗어나기 힘든 게 사실이다.

그럴 때면 나는 곧잘 산사山寺의 스님에게서 들은 이런 얘기를 떠올려보곤 한다. 상처받은 가슴을 혼자서 달래보기 위해 찾아낸 짧막한 이야기다.

어느 무더운 여름날이었다. 스님 둘이 수행 길에 나섰다.

한데 어느 냇가 기슭에 이르렀을 때였다. 웬 아리따운 젊은 여인이 지난밤에 내린 장맛비로 불어난 냇가에 서서 건너지 못해 안타까워하고 있는 것을 목격했다.

그러자 한 스님이 그 젊은 여인 곁으로 다가서며 말했다.

"어려움에 처한 이를 돕는 것은 출가자의 본분이오. 내가 냇물을 건네게 해줄 테니 내 품에 안기시오."

그리곤 부끄러워 망설이는 젊은 여인을 품에 꼭 껴안고서 불어난 냇물을 건네주었다. 그 광경을 곁에서 지켜본 다른 스님이 속으로 몹시 불쾌해 대뜸 따져 물었다.

"모름지기 출가자에겐 여자 몸의 털끝 하나라도 손을 대서는 안 되는 사음계邪淫戒가 있거늘, 스님은 품에 껴안기까지 하다뇨? 이게 무슨 해괴한 짓이란 말이오?"

그렇게 따져 묻고 나서도 화가 풀리지 않는지 다른 스님은 앞장서 휑하니 먼저 가버렸다.

삼십 리쯤 갔을까. 그제야 비로서 앞장서 휑하니 먼저 가버린 다른 스님을 따라잡은 한 스님이 입을 열었다.

"…… 나를 두고 혼자서 그리 가버리다뇨? 괘씸하오이다, 스님."

다른 스님도 지지 아니하고 되받았다.

"스님이야말로 괘심하오이다. 수행자인 본분을 망각하고서 젊은 여자를 껴안질 않았습니까?"

그러자 한 스님이 웃으며 말했다.

"아니 나는 그 젊은 여인을 벌써 까맣게 잊고 말았거늘, 스님께선 아직도 기억하고 있단 말이요? 하하하, 이제 보니 스님이야말로 뜻밖에도 음흉한 생각을 품고 계셨구려. 안 그렇소이까?"

다른 스님은 대꾸할 말을 찾지 못했다. 못내 부끄럽기만 했던 것이다.

불가에서는 이렇듯 아무 것에도 사로잡히지 않는 '자유무애自由無碍'의 경지를 흔히 삼매三昧라고 일컫는다. 자신이 진정으로 하고자 하는 일에 마음의 방향이 정해져 이러한 삼매의 길에 접어들 수 있을 때만이, 비로소 다른 일이랑 모두 잊고서 오직 그 일에만 전력을 다해 깊이 몰두할 수 있게 된다는 얘기다.

내가 글을 쓰고자 할 때 또한 이와 조금도 다르지 않다. 오로지 원고 작업에만 몰두해 있을 때 작품과 일체가 될 수 있다. 마치 자신이 원고를 쓰고 있는지도 모르는 무아의 경지에 빠지곤 하는 것이다.

물론 그렇지 않은 적도 많다. 이 작품을 써서 반드시 명예를 얻어야 하겠다거나, 결코 인세를 많이 받아야겠다는 생각부터 먼저 하고서 시작을 하게 되면, 눈에 보이지 않은 벽을 결코 넘지 못하게 된다. 스스로 초연해질 수가 없게 되는 것이다.

또한 그럴 때면 왠지 모르게 글쓰기에 힘이 들어가고는 한다. 힘이 들어가게 되면 순수성을 잃어버리고 만다. 순수성을 잃어버리고 말면 앞서 말한 그러한 일체감, 곧 무아의 경지에 결코 이르지 못하게 된다.

그렇다. 하찮은 일에 곧잘 휘둘려 상처받고, 또한 그런 자신에게 막 화가 터져 나와, 그렇기 때문에 내 몸 안의 무언가를 일정 부문 소모시키거나 철저히 파괴시키고 난 다음에라야 겨우 진정이 되곤 한다는 너는, 정녕 따뜻한 체온을 가진 사람이다. 따뜻한 체온을 가졌기에 그렇듯 하찮은 일마저 지나치지 아니하고 곧잘 아파하는 것이다. 마음이 무디기만 한 자에게서는 결코 누릴 수 없는 또 다른 미지의 세계를 지닌 때문이다.

하지만 잊지 말길 바란다. 아무 것에도 사로잡히지 않는 자유무애의 경지, 예컨대 정말 자신이 좋아하는 어떤 일인가에 깊숙이 빠져 몰두해 있을 때, 그 어떤 하찮은 일도 방해하지 못할 뿐더러 무디기만 한 자에게서는 결코 누릴 수 없는 자신만의 또 다른 미지의 세계를 다져나갈 수 있다는 것을. 그렇지 아니하고 틈새를 보일 때 또 그렇듯 하찮은 일이 그 틈새를 여지없이 파고든다는 현실의 비정함을.

그러니 부디 정말 자신이 좋아하는 어떤 일인가에 깊이 몰두해보길 바란다. 그처럼 자신의 내적 영혼이 충만해 있을 때만이 하찮은 일이 틈새를 파고들지 못한다. 설령 파고든다 하더라도, 파고들어 마음에 예리한 상처를 남겨놓는다 할지라도, 너는 분명 어렵잖게 거뜬히 회복할 수 있게 될 테니까. 그러한 너야말로 진정 마음의 평온을 누릴 수 있게 될 테니까 말이다.

自 由 無 碍

스스로 **자**　말미암을 **유**　없을 **무**　거리낄 **애**

내 자신이 충만해 있을 때 하찮은 일이 파고들지 못해

자신이 진정으로 하고자 하는 일에 마음의 방향이 정해져 이러한 삼매의 길에 접어들 수 있을 때만이, 비로소 다른 일이랑 모두 잊고서 오직 그 일에만 전력을 다해 깊이 몰두할 수 있게 된다.

우울한 마음에
하루하루 작아져 갈 때

우울하다. 어제도 그랬다. 오늘 역시 조금도 다르지 않다. 내일 또한 마찬가지일 것만 같다.

우울해지면서 시나브로 웃음을 잃고 말았다. 언제 한 번 크게 웃어보았는지 모를 만큼 요즘 들어서는 웃을 일조차 그만 웃다 말고는 한다.

이뿐 아니다. 보고 듣는 것에 흥미를 느낄 수 없다. 과거의 잘못이 자꾸만 되살아난다. 비관적이다. 강박관념에 사로잡혀 있다.

몸도 늘 찌뿌드드하기만 하다. 무겁게 가라앉아 있기 일쑤며, 이러한 나를 어떠한 의욕도 일으켜 세우지 못하고 있다.

바깥에 나서기도 싫어진다. 자꾸 안으로만 들어가고 싶다. 가능하다면 며칠만이라도 어둠 속에 그냥 머물러 있고 싶다.

갑자기 세상에서 나 혼자가 되어버린 기분이다. 주변엔 사람들이 적잖은데도 나는 그만 외톨이가 되어버리고 만 느낌이다.

물론 예전부터 이랬던 것은 아니다. 정확히 언제부터인지 알 수는 없으나 나는 점점 우울해져 가고 있다. 무엇 때문인지는 몰라도 우울의 구름에서 헤어나지 못하고 있다.

더욱이 우울은 우울만으로 끝나지 않는다. 나를 한사코 오므라뜨리려 든다. 한사코 오므라뜨려 나로 하여금 작아지도록 만들려든다.

나는 이같이 우울의 덫에 갇혀있다. 이처럼 갇혀 하루하루 나를 잃어가고 있다. 나는 나를 스스로 소진해 가고 있다.

사람들은 흔히 이렇게 말하곤 한다. 여름이 오면 덥다고 투덜대고, 겨울이 오면 춥다고 투덜대며, 비가 내리면 날이 궂다고 하늘을 원망하고는 한다. 물론 불같은 더위와 얼음 같은 추위를 견디기란 어렵다. 더울 땐 찬 기운을 찾게 되고 추울 땐 따뜻한 곳을 찾게 되는 것은 자연이 주는 정情이라지만, 계절을 탓하면서 싫다고 원망하다보면 어느 틈엔가 자신의 기분마저 우울해져버리기 일쑤다.

영국의 시인 라스킨은 「구름」이라는 시에서 이렇게 읊고 있다.

세상 사람들은

오늘 날씨가 좋다

또 나쁘다고 말하지만

실은 날씨에 좋고 나쁜 게 어디 있겠는가

모두가 좋은 것이지

그저 종류가 좀 달라서 그럴 뿐

하늘이 개어서 좋은 날씨

비가 내려서 좋은 날씨

바람이 불어주니 좋은 날씨가 아닌가

마음을 한 곳에 치우치지 말라는 얘기다. 굳이 거슬리려 하지 말고 '구름' 너머에 빛나고 있을 푸른 하늘을 보라는 얘기다.

비단 날씨 뿐만이 아니다. 우리의 일상 역시 조금도 다를 것이 없다. '오늘은 재수가 없었어', '하는 일마다 되는 게 없었어' 하고 마치 날씨를 탓하고 원망하듯 자기 자신을 원망만 하다가는 그만 우울의 함정 속으로 빠져들기 쉽다는 이야기다.

그러나 우리의 일상은 너무도 속절이 없다. 아침에 눈을 뜨기가 두려울 만치 우울은 우리 곁에 너무도 가까이, 또한 도처에 노출되어 있다. 너무 덥거나 춥거나 하는 날씨의 변화에서부터 직장이나 가정에서의 미묘한 인간관계, 소음, 시비, 불안, 초조, 격정, 공포, 굴욕, 빈곤 등에 이르기까지, 잠시 나를 잃어버렸을 때 영락없이 덮쳐오기 마련이다.

물론 대개는 용케 극복해 나간다. 우울의 함정에서 빠져나와 유쾌한 일상을 되찾아 가고는 한다.

하지만 우울의 함정에 한 번 빠져들면 좀처럼 헤어나지 못하는 이도 많다. 결국 중압감을 이기지 못해 거기서 도망하지 못한 채 마침내 주저앉고야 마는 것이다.

이럴 때 생각나는 고전古典이 있다. 「맹자孟子」의 '우산지목牛山之木'이 그것이다.

여기서 '우산牛山'이란 풀 한 포기 자라지 않는 민둥산을 일컫는다. 하지만 이 산은 '우산지목牛山之木', 처음부터 민둥산이 아니었다. 나무가 꽤 울창한 산이었다.

한데 큰 고을 가까이에 자리하고 있는 터라 사람들이 오르내리면서 마구 베어가고 만 것이다. 오래지않아 벌거숭이가 되고 만 우산은 풀이라도 키워 산을 우거지게 하고 싶었다.

그러자 이번에는 고을의 목동들이 우산을 오르내렸다. 소떼며 양떼를 몰고 와 우산이 키우고 있는 풀을 모조리 뜯어 먹고 말았다. 우산은 그렇게 민둥산이 되고야 만 것이었다.

결국 맹자가 하고 싶은 얘기는 '우산지목상미의牛之木嘗美矣' 였다. 우산의 숲은 일찍이 아름다웠다는 뜻이다. 세상에 아름답게 태어나지 않은 사람이란 없다는 얘기다.

그렇다. 너도 이미 밝히고 있듯이 네가 예전부터 우울했던 것은 아니다. 정확히 언제부터인지 알 수 없으나 다만 점점 우울해져 가고 있는 것이다. 무엇 때문인지는 몰라도 우울의 함정 속에서 헤어나지 못하고 있을 따름인 것이다.

다시 말해 우산이 처음부터 민둥산이 아니었던 것처럼, 너 또한 처음부터 우울의 함정 속에 갇혀 있었던 것이 아니다. 우산의 숲이 일찍이 아름다웠던 것처럼, 너 또한 분명 아름다운 날들이 있었다는 사실이다.

어차피 인생은 한 번 뿐인 삶이다. 그 길을 걸어 가다보면 때론 가파른 언덕을 만날 수도 있다. 가파른 언덕에서 잠시 나를 잃고 주춤거릴 수도 있을 것이다.

하지만 잊지 마라. 오르막길이 있으면 또한 내리막길이 있음을. 우울의 함정이라고 해봤자 기껏 삼, 사천 미터 높이에 떠있는 구름같은 것일뿐, 그 너머에는 사철 맑고 푸른 하늘이 눈부시게 빛나고 있음을.

우리는 세상에 그냥 내던져진 존재다. 스스로 일어나 걸어 나가야만 한다.

맑고 푸른 네 마음에 다소 우울의 구름이 덮쳐왔다 할지라도 언제까지 거기서 머물러 낭비하고 있을 수만은 없는 일이다.

지금 당장 일어나라. 우울의 함정 속을 박차고 걸어 나와 아름다웠던 너를 찾아 나서라. 지금 너를 찾아 나서지 않으면 영원히 찾을 수 없다. 아름다운 것은 너무도 일찍 저버리기 때문이다.

牛　山　之　木　嘗　美　矣

소 우　　뫼 산　　갈 지　　나무 목　　일찍이 상　아름다울 미　어조사 의

우산의 숲은 일찍이 아름다웠다, 세상에 아름답게 태어나지 않은 사람이
란 없다.

자꾸만 짜증이 날 때

　　●　　　　　　알 수 없는 일이다. 거울을 보면 내 얼굴은 잔뜩 메말라있다. 웃음은 사라지고 신경이 곤두서 있다. 금방이라도 솟구치고야 말 것 같은 날선 긴장으로 무장되어 있다. 온통 짜증스러운 얼굴이다.

평소에는 유쾌한 편이다. 다른 사람에게는 물론 타인에게조차 친절하기까지 하다.

한데 상대방이 내 비위를 건드리면 나는 금방 돌변하고 만다. 상대방의 말이 내 귀를 거슬리게 한다거나, 이치에 닿지 않는 것을 보았을 땐 그냥 참지를 못한다.

요즘 들어서는 거의 이런 상태다. 자꾸 짜증스럽기만 하다.

옆에 앉은 이의 휴대폰 벨소리에도 은근히 짜증이 난다. 등 뒤에서 누군가 불쑥 튀어나오기만 하여도 이내 얼굴부터 찡그려지고 만다. 입술이 비틀어지며 그냥 상소리부터 삐져나오기 마련이다.

짜증이 나기 시작하면서부턴 부쩍 부딪히는 일도 잦아졌다. 부딪히는 일이 잦아지면서 부턴 다투는 경우도 빈번해져 갔다. 사람들이 오가는 길거리에서 악다구니를 부려야 할 때도 없지 않았다. 오로지 나를 지키기 위해서였으나 사람들의 시선은 싸늘하기만 했다.

물론 나중에 후회스러울 때도 있기는 하다. 때문에 안 그러려고 몇 번이나 다짐도 해본다. 가까운 친구를 불러내어 술도 마셔보고, 주말이면 기분을 전환해보려고 가벼운 차림으로 집을 나서보기도 한다.

하지만 그도 별반 소용없는 일이다. 그러한 노력은 일상으로 복귀하면서 다시 무너져 누군가와 또 살짝 스치기만 하여도 벌써 짜증부터 솟구치고야 마는 것이다.

나는 요즘 이같이 메말라가고 있다. 날로 황폐해져가고 있다. 짜증이 입에 붙어 한사코 떠날 줄을 모르고 있다.

나도 이런 내가 못내 싫기만 하다. 그토록 활기 넘쳤던 예전의 내 모습을 어서 되찾았으면 싶다.

사람이 감정을 느끼는 건 좋은 일이다. 기쁜 일이 생겼을 때 기뻐하는 것처럼 누군가가 짜증나게 하였을 때 짜증을 내는 건 당연한 일이다. 슬픈 일이 생겼을 때 슬퍼하는 것처럼 짜증이 날 때 짜증을 느끼는 건 지극히 자연스러운 일인 것이다.

감정을 느낀 그대로 표현하는 것 역시 당연하다. 자신의 감정을 겉으로 드러냈다고 해서 수치스러워하거나 탓할 것은 없다. 눈물을 보이는 것도, 분노를 하는 것도 나쁘지 않다. 감정을 억누르려 하는 것이 오히려 옳지 않다. 감정을 억누르려고만 할 것이 아니라 자연스럽게 드러냄으로써 해소할 수가 있다. 그렇게 살아가는 것이 보다 더 바람직하다.

한데 가만히 들여다보면, 다른 감정과 달리 짜증이란 기실 타인에 의해서라기보다는 자신 때문에 생기는 경우가 더 많다. 자기 딴에는 무진 애를 쓰고 있음에도 불구하고 일이 잘 풀리지 않으면서, 또는 마음 한 구석이 답답하게 막혀있을 때가 대개 그럴 경우이다. 마음이 답답하게 막혀있을 땐 주위의 사소한 반응에도 그만 헝클어져 있는 마음이 불쑥 솟구치게 되곤 하는 것이다.

그러나 짜증은 오로지 짜증만을 불러올 따름이다. 문제를 극복하는데 아무런 도움이 되지 않는다.

결국 감정을 어떻게 조율하느냐가 고민이 될 수밖에 없다. 감정 조율을 잘못하여 상대와 갈등을 일으키고, 나아가 불화로까지 번져 돌이킬 수 없는 상황으로 발전하게 된다면 불행이 아닐 수 없기 때문이다.

「손자병법孫子兵法」은 이런 문제에 대해 구체적인 답안을 내놓고 있다. 손자는 싸움을 감정으로 하는 것이 아니라고 강조하면서, 전쟁의 3가지 기본 법칙을 다음가 같이 제시하고 있다.

첫째, '비이부동非利不戰'. 이익이 없다면 움직이지 마라.

둘째, '비위부전非危不戰'. 위기가 아니면 싸우지 마라.

셋째, '비득불용非得不戰'. 얻을 것이 없다면 병력을 동원하지 마라.

다시 말해 나에게 이로울 것도 없는데 무리하게 감정부터 내세운다거나, 당장 나에게 위험이 되지 않는데도 굳이 시비를 가리려 하는 것은 되레 재앙을 가져올 수도 있다는 얘기다. 때와 장소와 사안의 경중에 따라 감정을 가려 신중하게 분출할 줄 알아야 한다는 사실이다.

또한 손자는 감정 문제에 대해 다시금 이렇게 덧붙이고 있다.

'분노는 시간이 지나면 기쁨으로 바뀔 수 있다. 노여움도 시간이 지나면 즐거움으로 바뀔 수 있다. 하지만 한번 망한 나라는 다시 세울 수 없다. 한번 죽은 병사들은 다시 살릴 수 없다. 따라서 현명한 군주라면 삼가고 신중해야 한다. 훌륭한 장수는 늘 경계해야만 한다. 이것이 나라를 편안하게 하고 온전케 하는 법도이다.'

세상을 살아가면서 짜증을 내지 않고 살 순 없는 일이다. 마땅치 않다면 감정을 드러내라. 감정을 드러냈다고 수치스러워하거나 탓할 것도 없다. 분노하고 고함을 내질러도 좋다.

그렇다고 주위의 반응에 짜증부터 내서는 안 된다. 사소한 일에도 곧잘 짜증부터 내다보면 갈등을 일으키고 불화로 번지기 쉽다. 짜증만으로는 문제를 극복하지 못할 뿐더러, 무엇보다 이길 수 없다

사람은 모두 똑같다. 세상도 다르지 않다. 손자가 이른 비위부전非危不戰, 위기가 아니라면 굳이 감정을 드러내어 싸우지 마라. 짜증은 짜증을 불러올 뿐이니 감정 조율부터 고민해야 할 필요가 있다.

물론 처음엔 쉽지 않을 줄 안다. 그렇다고 쉬 돌아서진 마라. 계획하고 노력하면 되지 않는 일이란 없다. 그것은 마치 작은 물방울이 바위를 뚫는 것과도 같다. 순서대로 꾸준히 해나가다 보면 언제인가는 너도 반드시 도달하게 되어 있다.

非　利　不　動

아닐 **비**　　이로울 **리**　　아닐 **부**　　움직일 **동**

이익이 없다면 움직이지 마라.

非　危　不　戰

아닐 **비**　　위태할 **위**　　아닐 **부**　　싸울 **전**

위기가 아니라면 굳이 감정을 드러내어 싸우지 마라.

非　得　不　用

아닐 **비**　　얻을 **득**　　아닐 **불**　　쓸 **용**

얻을 것이 없다면 병력을 동원하지 마라.

나에게 이로울 것도 없는데 무리하게 감정부터 내세운다거나, 당장 나에게 위험이 되지 않는데도 굳이 시비를 가리려 하는 것은 되레 재앙을 가져올 수도 있다.

자기 자신을 돌아볼 줄
모르고 살 때

앞을 보고 나아가라. 활시위를 떠난 화살처럼 옆을 두리번거리거나 뒤를 돌아볼 겨를이 없다. 그러기에는 경쟁이 너무 치열하다. 세상이 빨리 변한다.

세상은 곧 정글이다. 정글에는 정글만의 문법이 있다. 살아남으려면 그러한 문법에 충실히 따라야 한다.

나는 이렇게 듣고 배워온 것 같다. 또한 살아남으려고 무진 애를 썼다. 한눈 팔 사이도 없이 그저 앞만을 보고서 뛰어왔다. 이것이 곧 나의 미덕이고 경쟁력이었다. 지금의 나를 키워온 에너지였다는 생각이 든다.

한데 이따금은 고개가 갸웃거려지곤 한다. 내가 나를 보고서 스스로 놀란 적도 있다. 이건 아니잖아, 하고 의문이 들 때도 없지 않은 것이다.

물론 어렸을 땐 결코 이러지 않았다. 딱한 사람을 보면 그냥 지나치지 못했다. 울고 있는 사람만 보아도 괜스레 마음이 짠해지고는 했었다.

한데 요즘 들어 차가워졌다는 소리를 종종 듣게 된다. 내가 느끼기에도 예전과 달리 비정해진 면이 적지 않다. 어려운 처지에 놓여 있는 사람을 보아도 이제는 어쩔 수가 없다는 식이다. 그저 정글의 문법을 따라가는 데에만 온통 신경이 모아져 있다.

하지만 돌이키고 싶다는 생각은 없다. 아니 이제는 그럴 수도 없다. 외줄을 타는 곡예사처럼 지금의 이 줄에서 잠시도 벗어날 수가 없는 것이다.

지금 나는 과연 올바르게 살아가고 있는 것일까?

어느 날 한 나그네가 광야를 홀로 걸어가고 있었다. 그때 등 뒤에서 난데없이 코끼리 한 마리가 괴성을 내지르며 미친 듯이 쫓아 왔다.

나그네는 놀라 도망을 치다가 우물이 눈에 띠었다. 우물가에 서 있는 나무 가지를 붙잡고 겨우 우물 속으로 몸을 피할 수 있었다.

한데 우물 바닥에 독사가 혀를 널름거리고 있는 것이 아닌가. 나그네는 온몸에 소름이 돋았다.

그래서 위를 쳐다보자 이번에는 쥐들이 자신의 생명줄이나 다름없는 나무 가지를 갉아먹고 있었다. 나그네는 이러지도 저러지도 못할 처지에 놓이고 만 것이다.

그렇게 얼마 동안이나 나무 가지에 매달려 있었을까. 지쳐가고 있는 나그네의 입에 나무 가지 위에서 꿀물이 한 방울씩 떨어졌다.

위태로운 상황 속에서도 나그네는 그 꿀물을 받아먹었다. 기운이 돌면서 조금 살 것 같았다.

하지만 그것도 한 순간이었다. 이번에는 벌집에서 벌들이 쏟아져 나와 나무 가지에 매달려 있는 나그네를 쏘아대기 시작했다. 나그네는 너무 고통스러워 나무 가지에 매달린 채 울부짖었다.

그러나 그의 처지는 조금도 나아지지 않았다. 어느 틈엔가 바람을 타고 번지기 시작한 들불이 이내 나무 가지까지 옮겨 붙어

나그네의 운명은 이제 바람 앞에 선 촛불이었다.

이 에피소드는 불가에 전해져 내려오는 부처의 얘기다. 유가에서 「장자」 또한 이와 비슷한 얘기를 전하고 있는데, 말할 나위도 없이 인간의 운명을 비유한 것이다.

여기서 광야란 예측할 수 없는 미망의 세계를, 나그네는 우리 자신을 가리키고, 난데없이 쫓아오는 코끼리는 부질없는 무상無常을 뜻하며, 우물 속은 곧 인간세계를 의미한다. 또한 나무 가지는 인간의 생명이고, 우물 바닥에 혀를 널름거리고 있는 독사는 죽음을, 꿀물은 우리의 그릇된 오만을, 들불은 질병이나 늙어가는 것을 비유하고 있다. 다시 말해 우리는 매일같이 무상의 바람에 쫓기면서 미망과 번뇌 때문에 괴로워하다가, 마침내는 질병과 노쇠에 의해 결국 독사(죽음)에게 물리고 만다는 얘기다.

그렇다고 우리의 소중한 인생을 모두 숙명으로만 돌리자는 건 아니다. 인생이 밤하늘에 떨어지는 혜성처럼 덧없고 불안정한 것이니 한순간도 헛되이 살아선 안 된다는 얘길 하고 있다. 후회 없는 인생을 위해 어떻게든 노력하지 않으면 안 된다고 역설하고 있는 것이다.

그러기 위해서라도 먼저 자기 자신을 돌아볼 줄 알아야 한다. 주위 사람도 배려할 줄 알아야 한다. 마음에 걸어두는 것이 결코 없어야 한다. 무언가 마음에 가시처럼 꽂혀 있다거나, 뒤에 거치적거리는 게 있어서는 시위를 떠난 화살처럼 앞으로 나아가기 어려운 까닭에서다.

「손자병법」에 '전승불복戰勝不復' 이라는 고사가 전한다. 뜻한 대로 이루어졌다고 승리에 빠져있는 순간 등 뒤에서 이미 패배가 기다리고 있다는 뜻이다. 승리에 도취되거나 자만하다가는 자칫 실패로 바뀔 수도 있다고 말한다. 곧 영원한 승자란 없다는 얘기가 다름 아니다.

따라서 자기 자신을 늘 경계해야 한다. 스스로 돌아볼 줄 알아야만 한다.

비록 승리를 손에 거머쥐었다 하더라도 겸손과 유연함을 잊지 않아야 한다. 그래야 승리를 오래 간직할 수 있다. 후회 없는 삶이란 그럴 때 비로소 가능해지기 때문이다.

戰　勝　不　復

싸울 **전**　　이길 **승**　　아니 **불**　　아올 **복**

승리에 빠져있는 순간 패배는 이미 등 뒤에서 기다리고 있다.

승리에 도취되거나 자만하다가는 자칫 실패로 바뀔 수도 있다. 곧 영원한 승자란 없다는 얘기다.

직장 상사나 친구 사이가
좋지 않을 때

요즘 들어선 아침에 눈을 뜨기가 싫다. 직장으로 출근하기가 머리 아프다. 도무지 일에 집중할 수가 없다. 자꾸만 신경이 곤두선다.

직장에서의 업무 때문이 아니다. 업무 때문에 힘든 적은 거의 없다. 다소 힘든 경우도 없지는 않지만 대부분 시간 속에서 해결되기 마련이다.

한데 시간이 지나도 좀처럼 해결되지 않는 것이 있다. 사람과의 관계가 그것이다. 업무 때문이 아니라 사람과 부딪치는 일에 그만 절망케 되고야 만다.

특히 직장 상사와 사이가 좋지 못해 이만저만 고민이 큰 게 아니다. 매일같이 숨통이 다 막힐 정도이다. 사사건건 드러나지 않는 이질적인 충돌로 말미암아 서로가 이미 불편해지고 만 상태다.

한데 상사는 강자이고 나는 약자일 수밖에 없다. 나는 매번 패배자일 수밖에 없는 것이다.

아무래도 직장을 옮겨야만 할 것 같다. 이직이 어디 싫지는 않겠지만, 그래도 떠날 수밖에 없을 것 같다. 그래야만이 내가 살 것 같다. 상황이 이미 그럴 지경에 이르렀다.

사실 친구와의 사이도 썩 좋은 건 아니다. 요즘 들어 곧잘 나를 서운케 하는 경우가 많다. 무엇보다 예전에는 몰랐었는데 한 가지 두 가지씩 차이가 드러나면서 실망스러울 때가 적지 않다. 또 그러면 그럴수록 점점 더 거리감을 느낄 수밖에는 없게 된다.

'인간은 사회적 동물이다.' 아리스토텔레스가 한 얘기다.

하기는 제아무리 똑똑하고 힘센 자라도 혼자 살아갈 수는 없다. 서로 어울려 살아갈 수밖에 없는 것이 우리네 세상이다.

다시 말해 우리는 사회생활에서 벗어날 수 없는 존재다. 사회생활을 하는 이상 대인관계 또한 결코 벗어날 수가 없다.

한데 이러한 대인관계라는 게 여간 복잡한 것이 아니다. 어떤 문법도 정답도 따로 정해져 있는 것이란 없다. 사람마다 서로의 얼굴이 제각각인 것처럼 대인관계 또한 저마다 다 다르다. 시쳇말로 제 눈에 안경이고 콩깍지인 셈이다. 바로 여기서 심각한 문제가 종종 발생하게 되곤 한다.

누구의 말인지 이런 얘기가 있다. '지혜로만 살면 모가 나고, 정으로만 살면 흘러가버리며, 뜻으로만 살면 답답하다.' 인간세상이란 이토록 살기 어려운 곳이다. 살기 어려워지면 누구나 살기 좋은 데로 가고 싶어 한다. 하지만 어딜 가나 살아가기 어렵기는 마찬가지라는데 우리에게 고민이 있다.

물론 타인과 사이좋게 지낸다는 게 꼭이 어려운 것만은 아니다. 어떠한 소릴 듣더라도 배알을 빼어놓고서 그저 싱글벙글 웃기만 한다면 부딪칠 일이 없기 때문이다.

하지만 그럴 수만도 없는 게 인간이다. 자신의 가능성이 막혀버리고 말 땐 속절없이 갈등이 일어날 수밖에 없다. 원만한 대인관계가 이뤄지기 위해서는 어느 한쪽이 상대의 비위를 맞추는 것이 아니라, 서로의 가능성을 살려주면서 마찰을 일으키지 않을 때만이 비로소 가능해진다.

한데 이게 여간 어려운 게 아니다. 인간의 조건이 그만큼 복잡하기 때문에 우리에게 고민이 남게 된다.

결국 대인관계가 어렵다는 건 나와 상대가 서로 다르기 때문이다. 서로의 차이를 인정하지 않는데서 비롯된 것이다. 서로가 상대방과의 차이점을 좁히지 못한 데서 발생하는 갈등이라고 볼 수 있다.

예컨대 남자와 여자의 차이점이 있다는 건 너무도 명백한 사실이다. 한데 이러한 차이점을 서로 인정하지 않는다면 과연 어떻게 되겠는가. 크고 작은 문제가 발생할 것이다.

그러나 이게 전부라고 말할 수는 없다. 남자와 여자 사이에는 실은 다른 점보다 공통점이 더 많다. 남자와 여자 사이에는 서로 다른 듯 보여도 공통점이 더 많다는 사실을 이내 알게 된다.

비단 남녀 사이만이 아니다. 타인과의 관계 또한 마찬가지다. 다시 말해 공통적으로 가진 것은 서로 받아들이고 약간의 다른 점은 서로가 인정을 한다면, 훨씬 더 좋은 관계를 이룰 수 있다는 애기다.

이 점에 대해 노자^{老子}는 「도덕경」에서 이렇게 말하고 있다. '화광동속^{和光同塵}'. 부드러운 눈빛으로 세상의 눈높이에 맞추라고 이른다.

하지만 사람은 누구나 자신이 지닌 눈빛을 더욱더 빛내려 한다. 더욱더 빛나는 눈빛 속에서 자신만의 차별성과 존재감을 확인하려 든다.

때문에 두 눈에는 으레 힘이 들어가기 마련이다. 힘이 들어간 눈빛으로 세상을 바라보게 된다.

그러나 힘이 들어간 눈빛은 주위 사람들을 불편하게 옥죈다. 나로부터 점점 더 멀어지게 만든다. 시쳇말로 좀 잘나 보이는 사람이 자신의 생각을 너무 확신한 나머지 눈높이를 올리려 들게 되면 주위 사람들이 불편해 접근하기를 꺼려하게 된다. 사람과 사람 사이의 관계가 어렵다는 애기도 딴은 여기서부터 기인하는 것이다.

따라서 사람과 사람 사이의 관계에선 서로의 차이부터 인정하지 않으면 안 된다. 힘이 들어간 눈빛으로 상대를 바라볼 게 아니라, 상대와의 차이를 먼저 인정하게 되면 별 마찰 없이 자신의 가능성을 열어갈 수 있다.

다시 말해 부드러운 눈빛으로 세상의 눈높이에 맞추게 되면 차이를 넘어 같은 점이 더 잘 보이게 된다는 것이다. 그와 같이 같은 점을 공유할 수 있게 된다면 자연스럽게 사람과 사람 사이가 원만해질 수 있다는 얘기다. 직장의 상사는 물론 사이가 좋지 않은 친구와의 관계 또한 이와 조금도 다르지 않다.

和　光　同　塵

화할 **화**　　빛 **광**　　같을 **동**　　세 **속**

부드러운 눈빛으로 세상의 눈높이에 맞춰라.

사람과 사람 사이의 관계에선 서로의 차이부터 인정하지 않으면 안 된다. 힘이 들어간 눈빛으로 상대를 바라볼 게 아니라, 상대와의 차이부터 먼저 인정하게 되면 별 마찰 없이 자신의 가능성을 열어갈 수 있다.

자신의 외모에
자신을 갖지 못할 때

내가 지금 가장 두려워하는 건 비난도 아니다. 저주도 아니다. 폭력도 아니다. 오직 내 외모에 쏟아지는 남의 시선일 따름이다.

남의 시선쯤을 가지고 그러느냐 할런지도 모르겠다. 그냥 외면하면 되잖느냐 말들을 하곤 한다.

그건 정말 모르고 하는 소리다. 나만이 알 수 있는 이 고통이 얼마나 치명적이고 집요한 것인지 전연 모르고 하는 소리다.

나는 거울을 거의 보지 않는다. 꼭이 보아야 할 때라도 자세히 보지 않는다. 건성으로 필요한 부분만을 대충 보고는 만다. 거울 속에 비친 내 외모 때문이다. 거울 속에 비친 내 외모 때문에 기분이 다 허물어져 내리곤 한다. 나는 그런 내 외모를 차마 보고 싶지 않다. 지을 수만 있다면 내 외모를 지우고 싶다. 지금의 내 외모에서 벗어나고 싶다.

나는 왜 이렇게 태어났을까. 남몰래 고민한 적도 헤아릴 수 없다. 부모님을 원망해본 적도 없지만은 않다.

그렇다고 해서 잘나 보이는 외모를 원하는 것도 아니다. 그저 남의 시선이 쏠아지지 않을 정도면 그만이다. 그마저도 나에게는 허용되지 않았기 때문에 나는 남모를 고통을 안으로 숨긴 채 살아갈 수밖에 없다. 사람들 앞에만 서면 스스로 죄인이 되고야 마는 작은 세상을 살아가고 있는 것이다.

잘 생긴 남자, 아름다운 미녀를 보면 왠지 기분이 좋아진다. 마음이 끌린다. 생각마저 풍요로워지는 것 같다. 뭔가 순탄할 것만 같은 생각마저 들게 한다.

이는 남자나 여자 모두 다르지 않다. 남자가 아름다운 미녀를 좋아하는 것처럼 여자 또한 잘 생긴 남자를 선호한다.

때문에 대부분의 사람들은 잘 생긴 남자, 아름다운 미녀가 되기 위해 정말이지 안간힘을 다한다. 그런 자신을 위해 머리에서 발끝까지 매일같이 온갖 정성을 다 기울인다. 심지어는 얼굴에 칼을 대는 성형까지도 서슴지 않는 것이다.

하지만 잘 생기고 아름다워질 수 있다는 보장은 아무 데도 없다. 그러한 수단을 빌어 조금이야 바꿀 수 있을지는 몰라도, 그렇다고 한 순간에 사람이 뚝딱 달라지진 않는다. 신체의 일부를 조금 바꾸었다하더라도 자신의 본태에서 결코 벗어나지는 못한다. 때문에 그런 헛된 욕망에 고심하기보다는 내면의 미추에 관심을 돌리라는 얘기를 숱하게 들어왔던 것이다.

중국 춘추시대의 안영이 쓴 「안자 잡하^{晏子雜下}」에 '귤화위지^{橘化爲枳}'란 고사가 전한다. 회수^{淮水}를 건너면 귤나무가 탱자나무로 된다는 뜻이다.

안영은 제^齊나라의 이름 높은 재상이었다. 그런 그가 초^楚나라에 외교 사절로 갔을 때의 얘기다.

한데 키가 작은 안영을 보고 초나라는 그를 놀려 기를 꺾어보려고 했다. 일부러 대문 옆에 구멍을 내어 작은 문을 만들어 놓고서 그곳으로 안영을 맞아들이려 했다. 그러자 안영이 이렇게 말했다.

"내가 개나라에 사절로 왔다면 개가 출입하는 문으로 들어가겠지만, 오늘 나는 초나라에 사절로 온 것이니 이 문으로 들어갈 수 없다."

안내인은 얼굴을 붉히며 안영을 대문으로 맞아들였다.

안영이 초나라 왕을 만날 때였다. 초나라 왕은 안영에게 물었다.

"제나라에는 이다지도 인물이 없단 말인가?"

"무슨 말씀이옵니까? 저희 임치(제나라의 도읍)에는 마을이 300개나 있어 사람들이 서로 소매를 마주 들면 하늘을 가리고, 땀을 뿌리면 비가 되며, 어깨가 맞닿고 발등이 밟힐 정도로 사람이 많사옵나이다."

"그렇다면 어찌 그대와 같은 자가 사절이 될 수 있었단 말인가?"

"제나라에선 외국의 왕에게 사절을 보낼 때 반드시 기준이 있사옵니다. 슬기로운 자는 슬기로운 왕에게 보내고, 슬기롭지 못한 자는 슬기롭지 못한 왕에게 보냅니다. 저는 슬기롭지 못한 자이므로 초나라에 사절로 오게 된 것이옵니다.”

훗날 안영이 다시금 초나라 사절로 갔을 때였다. 초나라는 이미 안영을 놀려주려다가 도리어 수모를 당한 터였다. 때문에 이번에는 반드시 치욕을 안겨주리라 벼렸다.

이윽고 안영이 당도하자 초나라 왕은 그를 위해 연회를 베풀었다. 한데 분위기가 한창 무르익어 갈 즈음 형리들이 죄인을 묶어 안영 앞을 지나갔다. 초나라 왕이 그런 형리를 불러 세워 물었다.

“저 죄인은 어느 지방 출신이냐?”

“우리 초나라가 아니라 제나라 사람이옵니다.”

“하면 무슨 죄를 저지른 것이냐?”

“도둑질을 했사옵나이다.”

초나라 왕은 안영에게 돌아보며 물었다.

“제나라엔 도둑질하는 자가 많은가 보오?”

그러자 안영이 자세를 고쳐 앉으며 이렇게 대답했다.

“신이 듣건대 귤나무가 회수 남쪽에서 자라게 되면 탱자나무처럼 탱자가 열린다 합니다. 같은 나무이지만 사는 곳에 따라 열매 맺는 것이 달라져서인데, 이러한 까닭은 사는 곳의 풍토가 다르기 때문입니다. 마찬가지로 저 죄인이 제나라에서 살 적에는 도둑질을 전혀 하지 않았을 것입니다. 그런데 초나라에 건너와 살게 되면서 비로소 도둑질을 하게 되었을 것으로 보입니다. 초나라의 풍토가 도둑질을 하도록 되어 있지 않은가 신은 생각하옵니다."

초나라 왕이 비로소 크게 소리 내어 웃었다.

"슬기로운 사람과는 농담을 하지 말아야 하거늘, 아무래도 내가 공연한 짓을 했도다."

안영의 '귤화위지'란 요컨대 인물의 기준이 반드시 외모에만 있는 것은 아니라는 얘기다. 미모 또한 마찬가지다. 단지 겉으로 드러난 미모만으로는 결코 단정 짓기 어렵다고 할 수 있다.

젊은 날에 나는 당시 국내 탑 스타와 우연히 만난 적이 있다. 1년여의 짧은 기간이었지만, 주위에서 사귄다는 소문이 나돌 만큼 그녀와 아주 가깝게 지냈다. 그녀는 바쁜 스케줄 속에서도 짬이 날 때면 나를 자주 찾곤 했는데, 어떤 날은 그저 몇 마디의 대화를 나누기 위해 그녀의 빨간 승용차 안에 마주앉고는 했다.

하지만 사귄다는 소문은 터무니없는 낭설에 불과했다. 무남독녀로 고이 자란 그녀는, 갓 스물 살에 이미 탑 스타가 되면서 자신의 정체성에 깊이 갈등하고 있었다. 배우를 계속할 것인지, 어릴 적 꿈이었던 학자가 될 것인지, 또 결혼 문제는 어떻게 할 것인지 등, 말하자면 당시로선 내가 그녀의 유일한 인생 멘토였던 셈이다.

아무튼 우리가 만난 지 1년여 후 그녀는 화려한 스타의 길을 접고서 돌연 영국으로 유학을 떠났다. 그리고 이십여 년이 지난 어느 날, 우연히 어떤 잡지에서 비로소 그녀의 소식을 접할 수 있었다. 사업가와 결혼해서 아이 셋을 낳아 행복하게 살고 있다는 그녀는, 중년인데도 예전의 모습처럼 여전히 아름다웠다. 무엇보다 반가웠던 것은 그녀의 어릴 적 꿈이었던 대학에 출강을 하고 있다는 거였다.

물론 그녀와 처음 만났을 때의 기억이 지금도 생생하기만 하다. 우리 일행은 그녀와 인터뷰를 하기 위해 사진기자 등과 함께 약속 장소로 향했다. 곱게 자란 푸른 잔디가 융단처럼 가지런히 깔려있는 그녀의 집 마당이었다.

더욱이 처음 본 그녀는 눈부셨다. 영상에선 볼 수 없었던 어떤 특별한 느낌이 우리 일행을 단번에 압도했다. 정말이지 천상에서나 만나 볼 수 있을 것만 같은 빼어난 미모였다.

한데 그녀와 마주선 나는 이내 실망하고야 말았다. 그녀의 음성을 듣는 순간 내 귀를 의심하지 않을 수 없었던 것이다.

"제 음성이 좀 이상하죠?"

그녀는 아무렇지도 않다는 듯이 애써 미소를 지어보이며 내게 의자를 권했다. 그러나 나는 다시 한 번 그녀의 음성을 확인하지 않으면 안 되었다.

"저 원래 이래요."

하지만 그녀의 음성은 듣기에 여전히 거북했다. 천상의 미모에서 나오는 음성이라고는 차마 믿기 어려울 만큼 쇳소리 투성이었다.

하기는 그때만 하더라도 동시 녹음보다는 후시 녹음이라 하여 배우의 음성을 대부분 성우가 대신 맡아하던 시절이었다. 때문에 배우들을 실제로 만나보면 영상 속에서 익숙한 음성과 다른 경우가 적지 않았다.

그렇다하더라도 그녀의 음성은 분명 우리 일행을 당혹케 하기에 충분했다. 천상의 미모에 쉰소리 투성이 음성은 너무도 뜻밖이었던 것이다.

중국 병법가들의 지혜가 담겨있는 「삼십육계三十六計」에 이런 고사가 전한다. '무중생유無中生有'. 우리가 익히 알고 있는 것처럼 '무에서 유를 창조하라'는 얘기다.

세상에 완벽한 사람은 없다. 모든 것이 다 주어진 인생이란 결코 있을 수 없다. 외모가 빼어난 사람이거나 그렇지 않은 사람이라도 불안전하기는 마찬가지다.

따라서 언제까지나 원망에 빠져있을 수만은 없다. 거기에 발이 묶여 머물러 있다는 건 결코 해결 방법을 찾아가는 것이 아니다.

원래부터 존재하는 것이란 없다. 불가능할 것처럼 보이지만 실은 그 가운데서도 반드시 길은 있기 마련이다. 도저히 방법이 없을 것 같은 상황 속에서도 스스로 길을 찾아가는 것이야말로 「삼십육계」의 '무중생유無中生有'가 다름 아니다.

앞에서 얘기한 내면의 미추에 관심을 돌리는 것 또한 하나의 방법일 수 있다. 탑 스타가 갖지 못한 아름다운 음성을 갖는 것 또한 분명 너를 돋보이게 할 것이다. 곰곰이 생각해보면 그 길이란 밤하늘의 별만큼이나 무수히 많고 많다.

너는 이제 그 길을 찾아가면 된다. 아름다움 또한 유^有에서 나오지만 그러한 유는 결국 무^無에서 나오는 것이기 때문이다.

橘 化 爲 枳

굴나무 **귤**   될 **화**   할 **위**   탱자나무 **지**

회수淮水를 건너면 굴나무가 탱자나무로 된다.

인물의 기준이 반드시 외모에만 있는 것은 아니라는 얘기다. 미모 또한 마찬가지다. 단지 겉으로 드러난 미모만으로는 결코 단정 짓기 어렵다고 할 수 있다.

無 中 生 有

없을 **무**   가운데 **중**   날 **생**   있을 **유**

무에서 유를 찾는 길은 밤하늘의 별만큼이나 무수히 많고 많다.

세상에 완벽한 사람은 없다. 모든 것이 다 주어진 인생이란 결코 있을 수 없다. 외모가 빼어난 사람이거나 그렇지 않은 사람이라도 불안전하기는 마찬가지다.

열등감으로 짓눌려 있을 때

내겐 감추고 싶은 결점이 있다. 밝힐 수도 없는 결점이 있다.

그렇다고 차마 버릴 수도, 또 벗어날 수도 없다. 운명의 굴레처럼 함께 가지고 갈 수밖에는 없다. 그러한 결점 또한 나를 구성하고 있는 일부분이라서 뼈아픈 것이기만 하다.

따라서 자꾸만 신경이 쓰인다. 사람들과 부딪혀야 할 때면 더욱 그러하다. 평소에는 잘 드러나지 않다가도 꼭이 결정적일 때 여지없이 드러나 보이곤 하기 때문이다.

사실 내게 대인 공포증이 있다는 걸 처음에는 인정하고 싶지 않았다. 도덕적으로 떳떳한 내가 남들 앞에서 조금이라도 위축될 이유가 없었던 것이다.

한데 언제부터인지 하고픈 말을 미처 다하지 못한 자신을 발견했다. 하고픈 행동을 미처 다 내보이지 못한 채 멈칫멈칫 그냥 물러나고야 마는 자신을 목격할 수 있었다.

물론 나중에야 알게 되었지만 이는 순전히 나의 결점에서 비롯된 것이었다. 나의 결점으로 말미암아 그만 열등감에 빠지게 된 것이었다.

그리하여 나는 사람들 앞에 나서고 싶지 않은 자로 전락하고 말았다. 사람들 앞에만 서게 되면 나는 왠지 나를 곧추세우지 못한 채 작아져 갔다. 의지를 상실한 채 자꾸만 혼란 속으로 빠져들어 갔다. 평소 나답지 않은 결과를 낳기 일쑤였던 것이다.

말할 나위도 없이 열등감에 빠진 결과다. 씻을 수 없는 열등감에 짓눌려 있는 탓이다.

결점 없는 사람이란 없다. 결점 때문에 고민하지 않는 사람 또한 없다. 다소 정도의 차이만 있을 뿐, 굳이 겉으로 드러내어 말하지 않을 뿐, 사람이라면 누구나 이런저런 결점을 자신의 그림자처럼 안고 있기 마련이다.

한데 그쯤은 누구나 훤히 알고 있으면서도 그러한 결점에서 좀처럼 헤어나지 못하는 이가 있다. 결국에는 사람들 앞에 나서고 싶지 않은 대인 공포증으로 빠지고 마는 이가 있다.

꼭이 내가 그러했다. 십 수 년 전, 나는 한동안 원고를 전연 쓰지 못했다. 부친과 노모를 연이어 허망하게 잃으면서 비로소 절감하게 된 무기력한 현실 앞에 나는 그만 내 뒤에 숨어 버리고 말았다. 속절없이 열등감에 빠져들 수밖에는 없었다. 사람들 앞에 결코 나서고 싶지 않은 대인 공포증이며, 실어증으로 남몰래 괴로워할 수밖에는 없었던 것이다.

「어린 왕자」로 유명한 생텍쥐페리의 단편소설 「미소」에 이런 대목이 나온다.

어떤 병사가 전쟁 중에 그만 포로로 붙잡혀 감방에 갇히게 되었다. 감방에 갇힌 그는 극도로 신경이 예민해져 차마 고통을 참아내기 힘들었다. 담배라도 피워보기 위해 여기저기 주머니를 뒤졌는데, 다행히 한 개비가 남아 있었다. 포로는 떨리는 손으로 담배를 겨우 입술로 가져갔다.

한데 담뱃불이 마땅치 않았다. 포로는 차가운 창살 너머로 간수들을 건너다보았으나 누구 한 사람 곁눈질조차 주지 않았다.

포로는 용기를 내어 가장 가까운 데에 서있는 간수에게 담뱃불을 빌려줄 것을 어렵게 간청했다. 그러자 그 간수가 뚜벅뚜벅 다가오더니 주머니 속에서 성냥갑을 꺼냈다.

성냥불을 켜는 사이 두 사람의 시선이 잠깐 마주쳤는데, 그때 포로는 자신도 모르게 그 간수에게 미소를 지어보였다. 그 미소는 차가운 창살을 너머 간수의 입가에도 엷은 미소를 머금게 했다.

이윽고 간수는 포로의 담배에 불을 붙여주었다. 하지만 간수는 자리를 떠나지 않고 포로의 눈을 바라보면서 엷은 미소를 잃지 않았다. 이렇게 두 사람은 서로가 서로에게 미소를 지어보이며 참혹한 전쟁 속에서도 자신들이 아직 살아있는 인간임을 말없이 깨닫고 있었다.

"고향 집에 어린 자식이 있겠죠?"

간수가 입을 열었다.

"……."

포로는 말없이 고개만 끄덕였다. 그러다 문득 지갑을 꺼내들더니 자신의 가족사진을 간수에게 보여주었다. 간수 역시 지갑을 꺼내어 자기 아이들의 사진을 보여주면서, 장래 희망이며 아이들에 대한 기대 따위를 얘기했다.

가족의 얘기가 이어지자 포로의 눈가에는 어느새 눈물이 촉촉하게 맺혀갔다. 이제 다시는 자신의 가족을 만나지 못하게 된다는 사실에 슬프다고 말했다. 무엇보다 아이들이 성장해 가는 모습을 지켜볼 수 없다는 사실에 가슴이 찢어질 것만 같다고 했다.

그러자 무슨 생각을 했는지, 갑자기 간수가 자리에서 일어나 감옥 문을 연 뒤 포로를 조용히 불러냈다. 그런 다음 포로와 함께 감옥을 은밀히 빠져나와 마을 바깥까지 안내해 주었다.

그리곤 아무런 말도 남기지 않은 채 마을 안으로 급히 되돌아갔다. 한 번의 미소가 죽음의 절망 앞에 선 포로의 운명을 구해준 것이었다.

생텍쥐페리는 이같이 기적이 일어날 수도 있다고 말한다. 그러므로 희망을 저버려선 안 된다고 일러준다. 또 그런 기적을 만드는 필요한 것 역시 모두 다 내 안에 있다는 얘기를 덧붙인다. 아니 이 나중의 얘기를 들려주고 싶었던 것이다.

열등감은 나를 잃어버렸을 때 나타나는 함정이다. 공허에 빠졌을 때 밀려드는 자해다. 어려움에 처했을 때 나를 붙들어주는 손길이 아니라 한사코 발목을 옭아매는 몹쓸 덫이다.

이러한 열등감에서 헤어날 수 길은 무엇보다 그 원인부터 살펴봐야 한다. 원인을 살펴 정체를 파악한 뒤 자신을 철저히 추구해 나아가야 한다. 나를 열등감으로 빠트린 정체와 정면으로 맞서나가야만 하는 것이다.

영웅호걸들이 다투어 천하 통일에 이르는, 대륙의 방대한 역사를 기록하고 있는 「삼국지三國志」에 이런 고사가 전한다. '도광양회韜光養晦'. 곧 빛을 감추고 어둠 속에서 힘을 기른다는 뜻이다.

물론 현실은 냉혹하다. 너무도 견고하기만 해서 좀처럼 길이 열리지 않을 수 있다. 정면으로 맞서기에는 내가 가진 힘이 터무니없이 모자랄 수도 있다.

더구나 그것이 꼭 빛나는 성과가 아니더라도, 아니 당초 목표에는 이르지 못한다 할지라도, 그렇대도 시작부터 움츠러들거나 머뭇거릴 필요는 없다. 그게 결코 전부가 아니기 때문이다. '도광양회', 중요한 건 남몰래 힘을 길러가는 것이다.

그와 같이 자신을 철저히 추구해 나아갈 때 잃어버린 나를 되찾을 수 있다. 공허에 빠진 자해로부터 벗어날 수 있다. 한사코 발목을 옭아매는 몹쓸 덫으로부터 자유로울 수 있다.

또한 그럴 때만이 비로소 짓눌려 있는 열등감에서 벗어나 진정한 나를 만날 수 있게 된다. 진정한 나를 만날 수 있을 때만이 기적은 일어날 수 있다. 더욱이 그러한 기적을 만드는 필요한 것 역시 모두 다 내 안에서 발견할 수있게 되는 것이다.

韜 光 養 晦

감출 **도**　　빛 **광**　　기를 **양**　　그믐 **회**

드러내지 않는 어둠 속에서 자신을 철저히 추구해나가라.
자신을 철저히 추구해 나아갈 때 잃어버린 나를 되찾을 수 있다. 공허에 빠진 자해로부터 벗어날 수 있다. 한사코 발목을 옭아매는 몹쓸 덫으로부터 자유로울 수 있다.

용기가 없어
선뜻 앞으로 나서지 못할 때

● 　　　나는 사람들 앞에 좀처럼 나서지 않는다. 사람들 앞에 나서 내 의견을 주장해본 일이란 거의 없다. 사람들 앞에 나서 목청을 돋우거나 논쟁을 벌이는 건 더욱이나 싫다. 아니 여직 단 한 번도 그러한 경험이 없었다는 게 옳을 것만 같다.

물론 내가 무슨 잘못을 해서라든가, 뒤가 켕겨서도 아니다. 그저 사람들 앞에 나서는 게 마땅찮을 뿐이다. 당장 뛰쳐나가 문제를 일거에 해결하려드는 건 결코 내 삶의 방식이 아니기 때문이다.

이런 나를 두고 사람들은 용기가 없어서라고 말한다. 용기가 없어 선뜻 나서지 못하는 것이라고 단정 짓는다.

맞는 얘기다. 선뜻 앞으로 나서 문제 속으로 뛰어들기보다는 한 차례 태풍이 지나간 뒤에 그때 가서 비로소 내 얘기를 꺼내기 시작하는 걸 보면, 나는 순전히 용기가 없어서라고 밖에는 말할 수 없다. 당장 문제가 불거졌을 적에도 용기가 없기 때문에, 선뜻 앞으로 나서지 못한 채 망설이게 되거나 관망하는 자세를 취할 수밖에 없는지 모른다.

그렇다고 사는데 무슨 지장이 있었던 것은 아니다. 다만 번번이 망설이고 말거나 관망하는 자세를 취하게 됨으로써 다소 손해를 보는 경우가 없지는 않았다.

그 대신 남들과 부딪칠 일은 많지 않았다고 생각한다. 남들로부터 손가락질 받을 일은 상대적으로 적었다는 생각이 든다. 적어도 지금까지는 그랬다고 말할 수 있을 것 같다.

한데 아주 이따금씩이기는 하지만 간혹 그러한 금기와 정면에서 피할 수 없을 때가 있다. 꼭이 사람들 앞에 나서지 않으면 안 될 때가 종종 있곤 하는 것이다.

이런 순간이 나는 가장 당혹스럽다. 순간 온몸이 벌거벗겨지고 만 것처럼 주위의 시선을 강하게 의식하게 된다. 내 의지와는 아무 상관없이 그만 얼어붙고 만다. 이성을 잃고야 마는 것이다.

이성을 잃고 말면서 나는 결국 마음을 집중하지 못한 채 갈팡질팡하여 허둥대게 된다. 허둥대게 되면서 상대와의 대화마저 원활하게 대처하지 못한다.

따라서 문제 해결 능력이 현저히 떨어진다. 문제 해결이 현저히 떨어지면서 매번 낭패를 면치 못하게 되는 것이다.

순전히 나의 새가슴 탓이다. 불거진 문제 앞으로 선뜻 나서지 못하는 용기가 없음에서이다.

세상에 용기 있는 자가 또 있을까. 처음부터 용기를 가진 자가 따로 있을 수 있을까.

나는 고개를 가로젓는다. 용기란 따로 만들어져 있는 것이 아니라 스스로 드러내는 것이라고 생각한다. 애초부터 따로 가지고 있는 것이 아니라 마침내 자신이 만들어내는 것이라고 믿는다. 그런 만큼 세상에 용기 있는 자란 따로 없다는 게 평소 내 생각이다.

물론 혹자는 나의 이런 생각에 고개를 끄덕이지 않는 이가 있다. 무슨 소리냐며 단박에 반박을 하고 나서는 이도 있을 수 있다.

그러면서 예를 들고는 한다. 자신은 어떠한 상황 속에서도 결코 주저하거나 망설임이 없이 앞으로 나가 그 누구와도 맞설 수 있다고 호언한다.

하지만 그건 결코 용기가 아니다. 그저 상대를 압도하고자 하는 호전적이거나 과격함이지 용기라고 말하기는 어렵다. 용기로 오해하기 쉬운 공격성일 따름인 것이다.

용기란 그렇듯 주머니 속에서 동전을 꺼내듯이 쉽사리 드러낼 수 있는 것이 아니다. 용기란 우리가 전연 알 수 없고 예기치 않은 데서 불쑥 나타나는 정체불명의 의지이기 때문이다.

따라서 함부로 단정지어서는 안 될 일이다. 용기가 없다고 일찍부터 포기하고 말거나 스스로 그 굴레 속에 갇힐 일도 아니다.

물론 지금이야 많이 나아졌다고 하지만 나 역시 사람들 앞에 서서 강연을 할 때면 긴장감을 아주 떨쳐버리지 못한다. 마음을 집중시키지 못해 준비한 강연 내용을 충분히 전달하지 못한 적도 많다.

그래서 마음의 신표를 지녀보기로 했다. 언제인가 아들이 건네준 호도 두 알을 손에 쥐고서 강단에 오르기 시작했다.

그리고 그러한 신표로 말미암아 마침내 경계를 넘을 수 있었다. 사람들 앞에 서서 비교적 편안하게 내 생각을 전달할 수 있게 된 것이다.

물론 사람들 앞에 나서야 할 때만이 있는 건 아니다. 우리가 살아가면서 용기를 내야 할 때는 도처에 널려있다.

그럴 때면 나는 무엇보다도 먼저 침착해야 한다고 자신에게 다짐을 한다. 침착하지 않고선 불거진 문제를 해결할 수 없다고 자신부터 붙잡고는 하는 것이다.

이럴 때 한두 차례 가슴 깊숙이 들숨을 들이마셨다가 내쉬는 심호흡도 여간 도움이 된다. 다음으론 불거진 문제에 대해 즉각적인 반응을 보이지 말고 마음속으로 다섯까지를 헤아려 센다. 그런 뒤에야 비로소 불거진 문제 해결을 위해 나서는 것이다.

언제인가 산방에 마주앉아 스님에게 물은 적이 있다.

"어떻게 하면 마음속의 두려움을 떨쳐버릴 수 있습니까?"

스님이 대답했다.

"그 원인을 알면 해탈할 수 있습니다."

"한데 도대체 그 원인을 잘 모르겠습니다."

"모든 것은 자신으로부터 비롯되는 것이니, 지금 곧 그런 자신을 털어버리십시오."

"어떻게 말씀입니까? 어떻게 털어버리라는 겁니까?"

"일체의 생각을 끊어버리라는 것이지요. 자신을 생각하는 그런 생각조차 버리고서 몸과 마음의 정적을 기하라는 겁니다."

"스님, 매일같이 분주하게 살아가야만 합니다. 몸과 마음에 정적을 기할 수 있는 시간의 여유가 없는데 어떻게 하란 말씀이십니까?"

"마음에 평상심을 갖는 것, 그것이 곧 도^道입니다. 그러니 일상생활 밖에서 따로 시간을 내어 수행할 필요가 뭐 있겠습니까?"

스님이 다시 말했다. 개가 사납게 짖어대는 것은 상대를 두렵게 하려는 것이 아니다. 자신이 두렵기 때문에 짖어대는 것이다. 진정으로 용기 있는 자란 언제 어느 때라도 앞으로 나설 수 있는 자가 아니라, 어떤 경우라도 아무렇지 않게 초연하게 사는 것이라고 덧붙였다.

우리는 누구나 자신만의 경계선을 그어놓고서 살아가기 마련이다. 자신만의 경계선을 지켜나간다면 그 안에서 안전할 수 있다고 믿는다.

하지만 세상살이란 그리 간단치만은 않다. 그건 어디까지나 나의 경계선을 내가 넘지 않아서일 뿐, 타인이 나의 경계선을 넘어섰을 때의 안전까지 보장해주지는 못한다.

더구나 언제까지 자신의 경계선 안에서만 웅크리고 살 수는 없는 일이다. 경계선은 세월만큼 줄어들거나 아니면 어느 순간 무너져 영원히 안전할 수 없기 때문이다.

그런 만큼 자신이 그어놓은 경계선을 반드시 넘어서야 한다. 자신의 영역을 보다 확장시켜 나가야 한다. 껍질 바깥에 존재하는 보다 넓고 큰 세상을 바라보아야 한다. 그런 확장을 통할 때만이 삶의 활력을 되찾을 수 있을 뿐더러 성숙해질 수가 있기 때문이다.

노자의 「도덕경道德經」에 이런 고사가 전한다. '필작어세必作於細'. 큰일은 반드시 작은 것에서부터 시작된다는 뜻이다.

마찬가지로 경계선을 넘는다고 해서 반드시 위험천만한 모험을 감행하라는 얘기가 아니다. 처음부터 무슨 거창한 목표를 정할 것도 없다. 오히려 손쉬운 작은 금기부터 하나씩 깨어나가는 것이 성취감을 얻는데도 효과적일 수 있다.

예컨대 커피를 즐겨 마신다고 가정했을 때 일주일 가운데 어느 하루 동안은 커피를 단 한모금도 입에 대지 않고 다른 차를 마시기로 작정해보는 것도 좋다. 일주일 가운데 어느 날 하루 저녁은 낯선 여행객처럼 홀로 외로움을 찾아 나서 보는 것도 하나의 방법이다. 전에는 다른 사람들과 늘 함께 해왔던 어떤 것을 나 혼자서 해보는 것도 좋은 방법이 될 수 있다.

그렇듯 사소한 경계선부터 한 가지씩 깨어나가다 보면 문득 새로운 나를 발견하게 된다. 전에는 한 번도 경험해보지 못한 그 무언가를 분명 느낄 수 있게 된다. 마침내 자신의 경계선을 스스로 넘었다는 짜릿한 희열을 느낄 수 있게 될 것이다.

용기란 그와 같이 스스로 경계선을 넘었을 때 비로소 드러난다. 언제 어느 때라도 앞으로 나설 수 있는 만용이 아닌, 어떤 경우라도 아무렇지도 않게 초연케 되는 것이다.

必 作 於 細

반드시 **필**　지을 **작**　어조사 **어**　가늘 **세**

큰일은 반드시 작은 것에서부터 시작된다.

처음부터 무슨 거창한 목표를 정할 것도 없다. 오히려 손쉬운 작은 금기부터 하나씩 깨어나가는 것이 성취감을 얻는데도 효과적일 수 있다.

타인으로부터
비난을 받게 되었을 때

사노라면 매번 듣기 좋은 소리만 듣는 건 아니다. 때로는 어쩔 수 없이 듣기 싫은 소리를 듣게 되는 순간이 있다. 낯선 타인이 거침없이 쏟아내는 비난 또한 그 중 하나다.

그래도 자신이 초래한 사소한 잘못 때문에 듣게 되는 비난이라면 대부분 어쩔 수 없이 받아들인다. 주위의 눈총이 좀 민망스럽기는 해도 이럴 때는 사과를 하면서 그냥 물러날 수가 있다.

또한 마음속에도 그다지 새겨두지 않게 된다. 사태가 일단락되는 순간 비난 역시 감쪽같이 지워지고 마는 것이다. '그래, 내 실수였어' 하며 일단 수긍을 하고서 어렵잖게 현장을 떠날 수 있게 된다.

반면에 일방적으로 비난을 감수해야 할 때가 있다. 자신이 생각하기에는 결코 부당한데도 낯선 타인으로부터 따가운 비난을 일방적으로 듣게 되는 경우다. 또 대개 이럴 땐 낮은 소리로 설명을 해도 될 일을 가지고 상대는 바락바락 목청을 돋워 고함을 내지르기 일쑤다.

더욱이 부당한 것은 비난을 퍼붓는 상대가 으레 공격적 위치에 서게 되고, 비난을 듣게 되는 나는 방어적 모양새로 고정이 된다는 점이다. 상대가 비난을 선점해버린 탓이다.

이쯤 되면 나 또한 화가 나서 가만있질 못하게 된다. 무어라 목청이라도 돋우어 당장 반박을 하게 되고, 그러한 반박은 다시 상대의 독한 반박만을 불러오기 마련이다.

물론 그러는 줄 빤히 알면서도 또 그럴 수밖에 없는 것은 일방적으로 당한데 대한 억울함 때문에 그렇다. 그래서 사태가 일단락된 뒤에도 두고두고 분이 풀리지 않는 것이다.

한데 여기까지는 그나마 좀 나은 편이다. 어쩔 땐 곤혹스러움을 넘어 거의 막다른 수준에까지 이를 순간이 있다.

비난이 비난으로 겹칠 때가 그렇다. 비난이 비난으로 그치지 아니하고 끝내 사람의 인격마저 한사코 짓밟으려드는, 날선 비난으로 비약될 때가 그 같은 경우라고 할 수 있다.

더구나 날선 비난은 비단 현장에서 끝이 나는 경우가 드물다. 현장을 벗어나서도 매우 오래도록 생생한 영상으로 남는다. 시간이 지나면서 잊어지면 좋으련만 전혀 그렇지가 않다. 가슴 속에 내상으로 고스란히 남게 된다.

그리곤 스스로 반추되어 문득문득 눈앞에 나타난다. 눈앞에 나타나 혼란에 빠뜨린다. 자꾸만 발목을 붙잡아 일상을 위축시키려 든다. 이처럼 헤어나기 어려운 게 날선 비난에 내상을 입었을 때이다.

한때 칭찬은 고래도 춤을 추게 한다는 얘기가 있었다. 하물며 사람에게 또 무슨 설명이 필요하겠는가.

하기는 칭찬을 듣는 것처럼 기분 좋은 일도 딴은 또 없다. 어렸을 때나 철이 들어서도 칭찬은 사람을 곧장 곧추세우게 만든다. 더 잘하려는 노력을 하게 될 뿐더러, 더욱더 칭찬을 받고 싶은 마음에 숨어있는 역량마저 스스로 이끌어내게 만든다.

한데 알 수 없는 일이다. 세월이 흐르면 흐를수록 이러한 칭찬을 좀처럼 듣기 어려워진 것이다.

대신 들려오는 것이 있다. 나를 향한 비난이 곧 그것이다.

어렸을 때 누군가에게서 들은 얘기인데, 대문 바깥이 곧 저승이라는 얘기다. 세상 사는 일이 그만큼 만만치 않다는 것이다.

타인으로부터 듣게 되는 비난 또한 여기에 속한다. 대개 내 의지와는 별상관없이 일상 속에서 불현듯이 화살처럼 날아오고는 한다.

부처 또한 예외가 아니었던 것 같다. 부처와 같은 성인도 사람들로부터 비난을 들어야만 했던 모양이다. 「법구경法鳩經」에서 그는 이렇게 말하고 있다.

'오직 비난만을 받거나 오직 믿음만이 충만한 사람은 과거에도 없었고 미래에도 없을 것이다. 또한 현재에도 있을 수 없다.

이 얘긴 예부터 내려오는 것으로 지금 새삼스럽게 하는 말이 아니다. 침묵하는 자도 비난을 받고, 말이 많은 자도 비난을 받게 되며, 말을 아끼는 자라도 비난을 받게 된다. 세상에 비난받지 않는 자란 없다.'

실제로 어떤 날 부처가 누군가로부터 면전에서 비난을 받았던 적이 있다. 하지만 부처는 그저 묵묵히 평온해보일 따름이었다.

그 사람은 의아해 하며 오래지 않아 비난을 멈추었다. 그러자 비로소 부처가 그 사람을 향해 입을 열었다.

"그대는 혹 타인이 선물을 주었을 때 받지 않은 적이 있는가?"

"……?"

"받지 않았다면 그 선물은 과연 누구의 것이겠는가?"

"그야 뭐, 그 선물을 주려했던 사람의 것이 아니겠소."

그 사람은 영문을 몰라 얼떨결에 대답을 했다. 부처가 다시금 입을 열었다.

"그렇다. 그대는 내게 비난을 했다. 그것을 내가 받지 않았다면 과연 누구의 것이겠느냐?"

그 사람은 더 이상 대답하지 못했다. 입을 다문 채 부처의 얼굴만을 우러러보았다.

「장자莊子」에 '목계지덕木鷄之德' 이란 고사가 전한다. 목계木鷄란 나무로 만든 닭이다. 나무로 만든 닭과 같이 자신의 감정을 제어할 줄 아는 사람이 최고라는 뜻이다.

어떤 왕이 투계를 몹시 좋아했다. 왕은 최고의 투계 사육사를 불러 최고의 싸움닭을 구해 최고의 투계로 만들라고 일렀다.

며칠이 흐른 뒤 왕이 투계 사육사를 불러 사육이 모두 끝났는지 물었다. 투계 사육사가 대답했다.

"그동안 닭이 강해지긴 하였으나 너무 교만하여 자신이 최고인 줄로만 알고 있습니다. 그러한 교만이 남아 있다면 아직은 최고의 투계라 할 수 없습니다."

다시 며칠이 지나 왕이 투계 사육사를 불러 물었다. 투계 사육사가 대답했다.

"아직 멀었습니다. 닭이 이제야 교만함을 버렸으나 상대의 소리와 움직임에도 너무 쉽게 반응하고 있습니다. 태산처럼 쉬 움직이지 않는 진중함이 있어야 최고라 할 수 있을 것입니다."

또다시 며칠이 지나 왕이 묻자 투계 사육사는 아직 멀었다고 대답했다.

"이제 조급함은 버렸으나 상대를 노려보는 눈초리가 아직은 너무 공격적입니다. 이걸 버리지 않는다면 최고라 할 수 없을 것입니다."

다시 또 며칠이 지나 왕이 묻자 투계 사육사는 이제야 된 것 같다며 이렇게 대답했다.

"비로소 상대가 소리를 질러대도 아무 반응을 하지 않습니다. 이젠 완전히 마음의 평정심을 찾게 되었습니다. 나무로 만든 닭과 같은 목계가 되었나이다. 닭의 덕이 이쯤에 이르렀으니 이제는 어느 싸움닭과 맞서더라도 그 모습에 상대가 그만 꽁무니를 빼고야 말 것입니다."

거듭 말하지만 세상에 비난받지 않는 자란 없다. 그래서 어느 날 갑작스레 타인으로부터 비난을 받게 되었다면 먼저 장자가 이른 목계지덕부터 생각할 일이다. 마음의 평정심을 잃어서는 안 된다는 애기다.

더욱이 사태를 수습해보려고 타인과 맞서 한사코 시비를 가릴 필요도 없다. 자존심이 걸린 정도의 문제라면 내가 먼저 기꺼이 인정하기로 하자. 용기 있는 자가 먼저 인정할 줄 안다. 먼저 양보할 줄을 안다. 내 잘못으로 빚어진 비난이라면 사과하는 것도 용기있고 아름다운 모습이다.

그렇다고 먼저 인정하고 사과하는 것이 곧 자존심을 버리는 것이라고는 생각하지 마라. 어깨에 들어간 힘을 잠시 빼면 그것은 오히려 가장 용기 있는 적극적인 행동이 된다. 미안하다고 먼저 인정하면서도 여전히 강할 수 있다. 사과를 하면서도 자신의 자존심을 지킬 수가 있다.

물론 그렇지 않을 때도 얼마든지 많다. 비난이 비난으로 겹쳐 헤어나기 어려운 날선 비난에 처했을 때인데, 설령 그럴 때라도 결코 마음에 담으려 하지 말자. 부처가 이른 대로 비난이라는 선물을 받았다 하더라도 굳이 그 선물을 받으려 하지 말자. 그저 묵묵히 평온만을 지켜나가기로 하자.

木 鷄 之 德

나무 **목**　　닭 **계**　　갈 **지**　　큰 **덕**

용기 있는 사람이 먼저 인정하고 사과할 줄 안다.

나무로 만든 닭과 같이 자신의 감정을 제어할 줄 아는 사람이 최고라는 뜻이다.

세상에 비난받지 않는 자란 없다. 그래서 어느 날 갑작스레 타인으로부터 비난을 받게 되었다면 먼저 장자가 이른 목계지덕부터 생각할 일이다. 마음의 평정심을 잃어서는 결코 안 된다는 애기다.

술과 담배에 빠져
헤어나지 못할 때

솔직히 이제는 좀 지쳤다고 할 수 있다. 내가 생각하기에도 술 마시는 걸 이제는 제발 그만두었으면 싶다. 진작부터 그런 다짐을 하지 않았던 것이 아니다.

한데 막상 술과 마주하게 되면 나는 허망하게 무너지고 만다. 지쳤다고 스스로 말은 하면서도 해가 저무는 저녁이 되면 나도 모르게 발길이 술집으로 향하고 만다. 술술 넘어가는 술잔의 그 달콤한 유혹에서 벗어나질 못하고 있다.

물론 나 역시 잘 알고 있다. 술로 말미암아 소중한 돈, 시간, 수면, 건강을 잃어가고 있다는 것을. 무엇과도 바꿀 수 없는 젊음을 탕진해가고 있음을.

그러나 술 또한 내 삶의 일부분일 수밖에 없다. 그러한 것 못지않게 중요한 의미를 갖는다.

더욱이 나에게 술은 곧 일과도 같다. 일 때문에 술을 마시게 되고, 술을 마시기 때문에 일을 할 수 있다. 순전히 나의 욕망만을 위해서 술잔을 기울인 적은 거의 없다.

이같이 나는 술 없이는 살아갈 수 없다. 술 없이는 해 저무는 저녁이 그저 무의미한 것이다.

하지만 이제는 술에 지친 것 같다. 술에 역전당하고 만 것 같다. 술 없이는 살 수 없을 것 같으면서도 이제는 제발 술이 술을 마시게 하는 술의 유혹에서 그만 벗어나고 싶다.

담배 역시 다르지 않다. 습관처럼 피우게 되는 이 담배 또한 가능하다면 멀리하고 싶은 생각이다. 아니 끊었으면 싶은 게 솔직한 지금의 심정이다.

술은 마셔야 하는 걸까, 아니면 마시지 않아야 하는 걸까. 혹 누가 나에게 이렇게 묻는다면 나는 아무 망설임도 없이 전자를 택할 참이다. 술은 마시지 않는 것보다 마시는 것이 더 좋다는 것이 평소 내 생각이다.

무엇보다 술은 좋은 친구를 불러모아주는 매개가 되어준다. 넓은 세상과 만날 수 있는 가교가 되어준다. 그리하여 우리의 삶을 더욱 풍요롭게 해준다는 점에서 그렇다.

그 때문인지 젊은 날에는 나 역시 퍽이나 술을 많이 마셨다. 번뇌와 갈등으로 얼룩진 시절, 나는 거의 매일 저녁 술집에 앉아 있었던 것으로 기억된다.

하지만 술은 익히 알고 있는 이야기, '끓는 냄비 속의 개구리'와 같다. 물이 펄펄 끓는 냄비 속에 개구리를 집어넣으면 뜨겁다며 당장 튀어나오고 말지만, 서서히 데워지는 냄비 속의 개구리는 결국 자신이 죽는 줄도 모르는 채 삶아지고야 만다는. 나 역시 그런 '서서히 데워지는 냄비 속의 개구리'였을 따름이다.

결국 술이 술을 마시는 술의 유혹으로 말미암아 덜컥 탈이 나고 말았다. 당시 널리 유행했던 예의 '독일에서 왔다는 파란(실은 짙은 남색이었다) 병'의 위장약에 꽤 오랫동안 신세를 지지 않으면 안 되었다.

물론 예부터 술은 적당히 마시면 약이 되지만 지나치면 독이 된다는 얘기가 없지 않았던 게 아니다. 또 술을 마시는 이라면 그러한 얘기를 모르는 이도 없다.

한데 이게 말짱 헛일이라는 얘기다. 술이야말로 술잔에 따르기 전하고 따른 다음이 달라도 너무나 다르다. 일단 술병을 기울여 술잔에 따라놓게 되면 술술 넘어가도록 되어 있는 게 술이다.

술이 술을 마신다는 얘기도 딴은 그래서 생겨난 거다. 이미 충분히 취했음에도 또다시 손을 내밀어 찾게 되는 것이 술이다. 한참 경계선을 넘어섰음에도 한사코 거둬들이지 못하는 욕망이 다름 아닌 술인 것이다.

때문에 불교에서는 다섯 가지 지켜야 할 계율 중에 '불음주계不飮酒戒' 라 하여 술을 마셔서는 안 된다는 규율이 있다. 기독교나 이슬람교, 힌두교에서도 음주는 금기시 되고 있다.

술은 이처럼 칼과 같은 것이다. 그 쓰임새에 따라서 그것은 우리에게 유익할 수도 위험할 수도 있다. 예컨대 의사의 손에 들려지면 병든 자의 환부를 도려내는 수술 도구가 되기도 하지만, 난폭한 강도의 손에 들려지면 사람을 해치는 흉기가 될 수도 있다.

그렇다고 단순히 칼이 살인에 쓰일 수도 있다는 이유만으로 당장 수술을 해야 하는 의사에게까지 금지하게 된다면 병든 환자를 구할 수 없게 된다. 요컨대 칼 자체에 죄가 있는 것이 아니라 그것을 사용하는 사람이 문제라는 얘기다.

마찬가지로 우리가 즐겨 마시는 술 또한 결코 그 자체에 죄가 있는 것이 아니다. 그것을 마시고 즐길 때마다 곧잘 칼과 칼의 경계에 위태롭게 서게 된다는 것이 문제다. 따라서 그것을 사용하는 우리가 반드시 올바르게 이용해야만 한다는 주문이다.

그러나 우리가 우리의 행위에 언제나 변함없이 책임을 질 수 있는 그런 완전한 사람인가에 대해선 여전히 의문을 갖지 않을 수 없다. 그리고 만일 항상 책임을 질 수 없는 사람이라면 꼭이 필요할 때 이외에는 될 수 있는 대로 칼이나 술은 가까이 하지 않는 것이 좋다.

담배 또한 이와 조금도 다르지 않은데, 이 부분에 대해선 내가 할 말이 참 많다. 실은 나는 꽤 오랫동안 담배에 빠져 살아왔다. 담배를 입에 물지 않고선 정신을 집중하지 못해 원고 작업을 거의 할 수 없을 정도였다. 작업실 안에선 어느 곳에서라도 앉아서 손을 뻗으면 담배가 손에 닿을 수 있어야만 했던 것이다.

그러던 어느 날, 아니 기억이 엉망인 나도 이 날만은 지금도 또렷이 기억하고 있다. 정확히 2000년 중복中伏 날 오후였다. 출판사 사장과 광화문 근처에서 낮술을 곁들인 보신탕을 먹고서 헤어졌는데, 작업실로 돌아가기 위해 지하철역 지하 계단을 내려가다 그만 의식을 잃은 채 그 자리에 쓰러지고 말았다.

… 시간이 얼마나 흘렀는지. 내가 겨우 의식을 되찾을 땐 지하철 광화문역 역무실 안의 소파에 큰 대자로 벌러덩 드러누워 있었다.

병원 의사는 운이 좋았다고 했다. 그나마 병원이 가까운 도심에서 쓰러졌기에 망정이지 그렇지 않았다면 자칫 큰일 날 뻔했다며 무서운 소리도 서슴지 않았다. 그러면서 살고 싶거든 당장 담배를 끊으라고 단언했다.

무사히 집으로 돌아와서도 며칠 동안은 자리에서 일어나질 못했다. 어린 아들을 시켜 집안 여기저기에 흩어져있던 담배를 모아놓고 보니, 모두 여든네 갑이나 되었었다.

전국시대 한비가 쓴「한비자韓非子」에 '선유자익善遊者溺' 이라는 고사가 전한다. 헤엄 잘 치는 사람이 결국 물에 빠져 위험해질 수도 있다는 뜻이다.

그렇다. 모든 욕망을 다 소유할 수는 없다. 손만 내뻗으면 손쉽게 닿을 수 있는 친근하고 손쉬운 욕망일수록 더욱 경계해야 마땅할 대상이다.

술술 넘어간다고 그냥 술술 마셨다가는, 너무나 친근하고 익숙한 것이라서 '선유자익' 하기 십상이다. 스스로 제어하기 어려운 손쉬운 욕망일수록 '서서히 데워지는 냄비 속의 개구리'가 되기 쉽다. 술과 담배 또한 이와 조금도 다르지 않다.

善 遊 者 溺

잘할 **선**　　헤엄칠 **유**　　놈 **자**　　빠질 **익**

헤엄 잘 치는 사람이 결국 물에 빠져 위험해질 수 있다.

모든 욕망을 다 소유할 수는 없다. 손만 내뻗으면 손쉽게 닿을 수 있는 친근하고 손쉬운 욕망일수록 더욱 경계해야 마땅할 대상이다.

가난을
원망할 수밖에 없을 때

나는 가난하다. 초라하게 살고 있다. 매일같이 아침이면 일어나 일을 하고 있으나 손에 쥐어지는 것은 그리 많지가 않다. 열심히 살 생각이지만 앞으로도 여기서 크게 달라질 것 같지는 않아 보인다.

물론 많은 것을 바라는 건 아니다. 그저 인간답게 살 수 있기만을 원할 따름이다.

하지만 그 또한 쉽지가 않다. 열심히 산다할지라도 지금의 좁은 세계에서 벗어나긴 힘들 것 같다. 줄곧 쫓기고만 있는 지금의 가난에서 결코 벗어날 수 없을 것 같다.

나는 그래도 괜찮다. 견딜 수 있을 것 같다. 아니 견뎌내야만
한다.

그러나 나만을 바라보고 있는 가족이 나의 가난 때문에 어려
움을 겪는다는 건 참기 힘들다. 나로 말미암아 가난이라는 굴레
속에 함께 갇히고 만다는 건 차마 견디기 어려운 고통이다.

하기는 이런 얘기를 꺼내게 되면 변명을 위한 핑계처럼 들릴
지도 모르겠다. 이미 결과가 나오고 만만큼 과정은 그리 중요하
지 않을 수도 있다.

그러나 이건 사실이다. 그동안 나는 다른 무엇보다 우선 사람
됨을 중요한 가치로 여겨왔다. 그리고 여기에 집중했다. 상대적
으로 부를 소홀히 한 면이 없지 않았던 것이다.

그렇다하더라도 지금에 이르러서는 지금의 이 가난을 원망하
지 않을 수 없다. 열심히 살아갈 각오임에도 불구하고 미래에도
크게 달라질 것 같지 않다는 점에서 나는 나의 이 구차한 가난을
원망할 수밖에 없을 것 같다.

살아가면서 가장 원하는 것 한 가지를 꼽으라면 많은 사람들

은 부유해지고 싶다고 말한다. 부유해지면 곧 행복해질 수 있을 것이라고 생각한다. 부자로 산다면 모든 것을 다 해결할 수 있을 것이라고 믿기 때문이다.

숲 속에 사는 동물들도 짝짓기를 할 때면 부유한 상대를 고른다고 한다. 자신은 물론 어린 새끼들의 생존 가능성을 그만큼 높일 수 있기 때문이다.

젊은 날에 나는 내 이름으로 된 출판사를 못내 갖고 싶어 했다. 아내의 만류도 외면한 채 다니던 직장을 그만 두고 시내 한복판에 사무실을 얻었다.

그러나 꼭이 일 년을 기다렸으나 독재 정권은 끝내 출판사 등록을 내주지 않았다. 출판이 독재 정권에 눈엣가시이든 시절의 얘기다.

결국 나는 더 이상 버티지 못하고 그만 꿈을 접을 수밖에 없었다. 빚만 잔뜩 지게 되어 살던 집을 줄이지 않으면 안 되었다. 비교적 넓은 집에 살다가 반 지하식의 비좁은 작은 집으로 이사를 가야만 했다.

한데 새 집은 첫날부터 나를 곤혹스럽게 만들었다. 반 지하 계단을 내려설 때마다 가슴이 답답해져 왔다. 방 안에만 들어서면 천정이며 벽이 짓누르는 것만 같아 숨이 막혀왔다. 어느새 욕망이 커져 비좁았던 공간으로 도저히 돌아갈 수 없었다.

그건 비단 나뿐만이 아니었다. 가족 모두가 마찬가지였다. 어디서 빚을 내서라도 당장 그 곳에서 탈출하지 않으면 안 되었던 것이다.

그로부터 이십여 년이 지나, 이번에는 아주 널따란 집으로 이사를 하게 되었다. 그동안 내가 간절히 소망하던 마당이 있는 집을 마침내 소유하게 된 것이다.

그러나 마당이 있는 이 새 집 또한 첫날부터 나를 곤혹스럽게 만들었다. 미처 널따란 집이라는 여유를 느껴볼 겨를도 없이 먼저 마당에 몸을 붙이고 살아가는 수많은 생명들부터 일일이 돌보지 않으면 안 되었다.

뿐 아니라 평소 아내는 일을 벌이는 스타일이어서, 자꾸만 화분들을 사들여오기만 했다. 그에 반해 나는 뒷일을 수습하는 스타일이었기 때문에, 내가 감당해야할 몫이 그만큼 더 많아질 수밖에 없었다. 더욱이 밤늦게까지 원고 작업을 하다 한낮이 되어서야 일어나곤 했던 내가 마당의 생명들 때문에 아침 일찍 일어나야 하는 낯선 시작은 정녕 고통이 아닐 수 없었다.

공자孔子와 그의 제자들의 언행을 적은 「논어」에 '환득환실患得患失' 이라는 고사가 전한다. 얻기 전에는 얻으려고 걱정하고, 얻은 후에는 잃지 않으려고 걱정한다는 뜻이다. 가난하면 가난한대로 부유하면 부유한대로, 저마다 근심 걱정이 따르기 마련이라는 애기다.

그렇다. 부유해지면 곧 행복해질 수 있을 것이라는 생각은 오해다. 넓은 평수의 아파트를 사고, 고급 승용차를 타게 되었을 때 처음 한동안에는 행복할 수도 있다.

하지만 그 행복은 생각처럼 견고하지 못하다. 오래 가지 않아 이내 시들해지고 만다. 부유해질수록 그 부유가 주는 행복은 상대적으로 줄어든다고 한다. 살아오면서 수많이 목격했던 풍경이다.

이렇게 보면 인간은 단순히 부유해지길 바라는 건 아닌 것 같다. 그저 부유해지기만을 바라는 것이 아니라, 반드시 남보다 부유해지기를 바란다는 것을 알 수 있다.

예컨대 내 소득이 200만 원일 때 남들 소득이 100만 원인 것과 내 소득이 400만 원일 때 남들 소득이 800만 원이라면, 나는 이 가운데 과연 어느 것을 택할 것 같은가.

대다수 사람들은 전자를 택한다고 한다. 400만 원의 소득보다도 200만 원의 소득에 만족한다는 것이다. 후자보다 자신의 소득이 훨씬 적은데도 불구하고 남들과 비교하였을 때 만족도가 달라진다는 얘기다. 인간은 단순히 부유해지기만을 바라는 건 아니라는 사실을 확인해볼 수 있다.

돌이켜보면 나는 작가가 된 이래 지금껏 가난한 생을 살아왔다. 원고에 기대어 살아가야 하는 운명이 가혹하리라는 건 애초부터 각오를 한 터였다. 그런 만큼 누구 못잖게 가난을 뼈저리게 경험했다고 말할 수도 있다. 또 내 주위에 부유한 친구들보다는 가난한 친구들이 더 많은 것도 딴은 그런 이유에서라고 본다.

그러나 부단히 굴욕을 강요받는 가난 속에서도 늘 의연하게 살아가는 친구가 있다. 이 친구가 정말 가난한가 하고 다시 한 번 쳐다보아질 때도 있다. 그 친구 곁에만 있으면 나도 덩달아서 의연해지기까지 하곤 했던 것이다.

물론 모두가 다 그런 것은 아니다. 또한 제법 여유 있게 살아가는 친구들도 없지만은 않다.

한데 만날 적마다 죽는 소리만 늘어놓는 친구가 있다. 제법 여유가 있어 보이는데도 한사코 죽는 소리가 입에 붙어 떠나질 않는다. 자신이 가진 것은 미처 돌아보지도 않은 채 타인이 갖고 있는 것에 그만 짓눌려 기를 펴지 못하는 친구도 없지 않은 것이다.

인생은 가난과 부유 둘 만이 있는 것은 아니다. 하루 동안에도 결코 낮과 밤만이 존재하는 것은 아니다.

나는 이따금 새벽에 집을 나서본다. 고단한 일상에 그만 지치고 말았을 때, 가난하기 때문에 외로움에서 벗어날 수 없을 땐 혼자서 찾아가는 곳이 있다. 새벽시장이다.

아직은 모두가 잠들어 있는 이른 시각이지만 새벽시장은 시끌벅적해서 좋다. 오래 된 외로움을 떨쳐버릴 수 있어 편안하다. 가난하지만 희망을 잃지 않은 사람들의 의연한 몸짓을 만날 수 있어 비로소 기쁘기까지 하다.

무엇보다 새벽시장은 작은 것에도 감사할 줄 아는 마음을 눈뜨게 해준다. 보잘 것이 없어 보이나 왠지 가슴이 훈훈해지는, 나만이 느낄 수 있는 의미를 새삼 발견할 수 있도록 해준다.

그리하여 새벽시장에 가보면 용기가 난다. 새벽시장에 가서보면 다시 한 번 살아보아야겠다는 속 깊은 다짐을 다지고 돌아오게 된다.

물론 나는 가난 예찬론자는 아니다. 가난하다는 것은 분명 치욕이다. 그러한 치욕은 비단 나만이 아닌 가족 모두에게 어두운 그늘을 드리운다.

한데도 가난에서 벗어날 수 없는 것이라고 한다면 우선 두려워하지 말아야 한다. 두려움 없이 기꺼이 껴안아야 한다. 기꺼이 껴안되 그 가난으로 말미암아 나를 버려서는 안 된다. 결코 나를 잊어서도 안 된다. 할 수 없는 것 때문에 불행에 빠져있는 것보다는 할 수 있는 것부터 스스로 찾아 나서라고 덧붙이고 싶다.

患 得 患 失

근심 **환**　　얻을 **득**　　근심 **환**　　잃을 **실**

얻기 전에는 얻으려고 걱정하고,
얻은 후에는 잃지 않으려고 걱정한다.

가난하면 가난한대로 부유하면 부유한대로, 저마다 근심 걱정이 따르기
마련이다. 그렇다고 할 수 없는 것 때문에 불행에 빠져있는 것보다는 할
수 있는 것부터 스스로 찾아 나서야 한다.

성급하고
화가 자주 날 때

난 결코 부끄럽지 않다. 누구보다 열심히 살아온 까닭이다. 비록 노력한 만큼 대단한 성공을 거두진 못하였으나 그렇다고 후회하지도 않는다. 게으르거나 비굴하지 않게 열심히 살아왔다는 것만으로도 나는 내 자신이 충만하기 때문이다. 따라서 앞으로도 이처럼 늘 열심히 살아갈 생각이다.

하지만 남들보다 열심히 살아온 탓에서일까. 실은 내가 좀 성급하다는 소릴 자주 듣는 편이다. 실제로 일을 할 때 보면 평소보다 성급해지는 자신을 느낄 수 있다.

물론 그런 데에는 다 이유가 있어서였다. 서두르다보면 일을 신속하게 할 수 있고, 신속하게 하다보면 한정된 시간 안에 보다 많은 것을 이룰 수 있었기 때문이다.

한데 어느 날부터인지 부쩍 빨라진 걸음걸이에 스스로 놀란 적이 있다. 비단 일을 할 때만이 아니라 평상시에도 서두르는 기색이 어느덧 몸에 배어들고 말았던 것이다.

그리하여 이제는 그만 돌이킬 수 없는 것이 되고 말았다. 꼭이 일을 할 때만이 아니라 일상생활에 이르기까지 모든 것을 신속하게 해치우지 않으면 직성이 풀리지 않게 되었다. 보다 빠르지 않으면 결과에 상관없이 이내 초조감에 빠져 안달이 나고야 마는, 어느새 매사에 성급해져 있는 자신을 인정하지 않으면 안 되었던 것이다.

더욱이 매사에 성급해지고 말면서 눈에 띄게 달라진 것도 있다. 예전의 나와 달리 화를 자주 내게 되었다는 점이다. 조금이라도 게으름을 피우거나 속도가 느린 것을 보게 되면 상대가 누구이든 간에 그만 화부터 치밀어 오른다. 잠시라도 일이 잘 풀리지 않거나 할 때에도 결코 예외가 아니다.

결국 나는 이처럼 어느덧 성급한 사람으로 분류되기 시작하고 말았다. 성급할 뿐더러 화를 자주 내는 사람으로 전락하고야 만 것이다.

한 해 동안 한국에 머물다 귀국한 중국인 대학 교수가 한 말이 생각난다. 환송연 자리에서 우리 일행에게 들려준 애기인데, 한국인은 왜 이다지 성급하고 화를 자주 내는지 모르겠다는 것이다. 일을 할 때는 물론이고 평상시에도 몸에 붙어있는 것 같다고 했다. 조금이라도 머뭇거리며 두리번대거나 몸을 스치기만 하여도 단박 앞지르고 말거나 눈에 힘을 주며 화를 낸다는 지적이었다.

더욱이 이해할 수 없는 것은 그렇게 성급히 서두르고 화를 내면서도 아주 당연한 것처럼 여긴다는 거였다. 도무지 타인에 대한 배려라곤 찾아볼 수 없어 놀랐다고 한다.

그러면서 그는 우리의 치열한 경쟁사회에서 그 문제점을 찾았다. 원래부터 그렇지 않았던 한국인들이 고도 성장의 무한 경쟁사회로 내몰리게 되면서 그렇게 된 것이 아닌가 생각한다는 것이었다.

그러면서도 한편으로 그는 부러움을 감추지 않았다. 중국 사회가 서로 경쟁을 하지 않는 '무기력한 노인의 나라'여서 걱정인데 반해, 모두가 다 경쟁하고 있는 것이어야 말로 한국 사회의 역동성이 아니겠느냐며 부러움을 나타냈다.

그렇다. 그 중국인 교수의 말마따나 경쟁이 꼭이 나쁜 것만은 아니다. 경쟁은 서로에게 성장을 가져다준다. 다 같이 성장하기 위해서 우리에게 경쟁은 피할 수 없는 선택인 것이다.

문제는 이러한 경쟁을 어떻게 사용하느냐는 점이다. 너무나 치열한 무한 경쟁은 자칫 소통을 소홀한 것쯤으로 여기게 할 수도 있다. 예의 '한국인은 왜 이다지 성급하고 화를 자주 내는지 모르겠다'는 지적을 받는 것 역시 그러한 이유에서다.

더욱이 성급하고 화를 자주 내는 것 또한 딴은 잘하려는 경쟁의식의 산물일 수 있다. 기껏 노력을 하고 있음에도 불구하고 일이 뜻대로 잘 되지 않을 때는, 또 그러한 요인이 강화되면 될수록 보다 더 자주 부딪치게 되는 외부반응이라고 볼 수 있다.

한데 이같이 성급하고 화를 자주 내는 것이 내게 유익한 것이냐는 것이다. 과연 그러한 것이 내게 최선인가 하고 물었을 때 그렇다고 자신 있게 대답할 수 있는지는 의문이 간다.

중국 병법가들의 지혜가 담겨있는 「삼십육계」에 '욕금고종^{慾擒}

姑縱'이라는 고사가 전한다. 잡으려고 한다면 먼저 놓아줄 줄도 알아야 한다는 뜻이다. 오로지 잡을 생각에만 사로잡혀 놓아줄 줄을 모른다면 결코 잡을 수 없다는 얘기다.

전라도 장성 축령산 휴양림에 가보면 하늘을 찌를 듯이 빼곡히 솟아오른 삼나무 숲이 장관을 이룬다. 한데 이 키 큰 삼나무는 땅바닥을 덮고 있는 이끼가 없으면 자라지 못한다고 한다. 물론 이끼는 햇볕을 쬐여선 자랄 수 없다. 키 큰 삼나무가 햇볕을 가려주는 덕분에 살아갈 수 있다. 더구나 이끼는 키 큰 삼나무 잎에서 떨어지는 수분을 자양분으로 해서 살아가는데, 수분을 간직하고 있다가 삼나무에게 공급하기도 한다. 하늘 높이 솟아오른 삼나무와 땅바닥에 엎드린 이끼는 서로가 서로를 필요로 하는, 함께 더불어 살아가는 존재들이다.

아침에 눈을 뜨면 우리는 반드시 만나야만 하는 집 바깥의 '세상'이 있다. 그 바깥의 '세상'은 집안하고는 분명 다르다. 분명 다르기 때문에 때로는 집안에서처럼 할 수 없는 경우도 있기 마련이다.

그건 '한 가족'이라는 낯익은 정서와 '나와 상대'라는 낯선 정서 사이의 간극 때문이다. 서로가 다른 목적을 갖고서 부딪치게 되는 차이 때문이라고 할 수 있다.

더욱이 그 '세상'은 나 혼자만의 것일 수 없다. 나 혼자만으로는 살아가기조차 쉽지 않다. 더불어서 함께 살아갈 때만이 비로소 살아 움직일 수 있는 생명인 것이다.

따라서 무슨 일이 내 뜻대로 잘 되지 않는다고 성급하게 굴거나 버럭 화부터 내는 건 어리석다고 할 수밖에 없다. 문제를 해결하기보다는 자신을 문제 속에 가두는 꼴이 되고 만다. 자신을 더욱더 고립시키고야 말 따름인 것이다.

고립은 좋지 않은 자세다. 고립은 '세상'에서도 집안에서도 결코 환영받을 수 없는 자기 부정이다.

그런 만큼 고립되어서는 안 된다. 문제에 부딪힐 적마다 스스로 고립되지 말고 적극적으로 벗어나야 한다. 보다 긍정적인 자세로 자신을 이겨내야만 한다. 문제를 일으키기보다는 해결하는 편에 서 있어야 옳은 것이다.

그러기 위해서라도 한사코 잡으려고만 해서는 안 된다. 잡기 위해서라도 때로는 놓아줄 줄 알아야 한다. 이것이 곧 집 바깥의

'세상'에서 살아가야 할 모습이다. 굳이 이기려 하지 않으면서도

이기는 지혜다.

慾 擒 姑 縱

욕심 **욕**　　잡을 **금**　　먼저 **고**　　놓을 **종**

잡으려고 한다면 먼저 놓아줄 줄도 알아야 한다.

오로지 잡을 생각에만 사로잡혀 놓아줄 줄을 모른다면 결코 잡을 수 없기

때문이다.

질투심이 일 때

나는 아직 젊다. 젊은 날의 열정 또한 조금도 식지 않았다. 더구나 남들보다 많은 것을 가진 건 아니지만, 그렇다고 결코 적게 가진 편도 아니다. 평범해 보일지는 몰라도 내겐 미래를 향한 꿈이 있다. 지금의 삶에 불만이 전연 없다고 말하기는 어렵겠지만, 그래도 남부럽지 않은 얼굴로 매일 아침을 맞이할 수 있다. 비록 보석처럼 빛나는 삶은 아니라 하더라도 석성처럼 견고한 삶을 영위해나가고 있다고 자부한다.

한데 이따금은 나도 모르게 흔들릴 때가 있다. 내가 아닌 주변의 동료랄지 가까운 친구들에게서 내가 미처 가지지 못한 뜻밖의 것을 가지고 있음을 목격하게 되었을 때, 혹은 그러한 것이 어느 날 우연히 눈에 띠어 목격하게 되었을 때 나는 그만 흔들리고 만다. 주변의 동료들이나 가까운 친구들의 성취나 성공에도 나는 내심 당혹과 의아한 눈길부터 바라보게 된다. 부끄러운 이야기 같지만, 순간 나도 모르게 질투심이 시나브로 이는 것은 어쩔 수가 없는 일 같다.

물론 그럴 때면 빠짐없이 축하를 보낸다. 함께 기쁨을 나눌 만한 그 정도의 인격은 마련되어 있다.

그렇대도 왠지 마음 한 구석이 멍멍해지고 말면서 이내 씁쓸해지고야 마는 걸 어떻게 설명할 수 있을까. 나의 의지와는 아무 상관도 없이 순간 은근한 질투심에 온통 빠져들고 마는 데는 정녕 어쩔 도리가 없는 것 같다. 이내 후회하고 또 끝내 자책하고야 말 줄 알면서도 속절없이 사로잡히는 데는 그저 원망스러울 따름이다. 지금으로선 거의 유일한 나의 속앓이라고 말할 수 있다.

나는 과연 지지리도 못난 사람이란 말인가.

질투심에 관한 어느 부부의 옛 이야기다.

어느 날 남편이 아내에게 술독에서 술을 퍼오도록 했다. 아내는 술독이 있는 데로 가서 술독의 뚜껑을 열었다. 한데 이게 어찌

된 일이란 말인가. 술독 안에 웬 어여쁜 여자가 앉아있지 않은가.
아내는 순간 질투심이 솟구쳐올라 남편에게 돌아오자마자 다그
쳐 물었다.

"당신, 이제 보니 술독 안에 웬 어여쁜 여자를 숨겨놓았던데
대체 누구에요?"

"그럴 리가 있겠오?"

남편은 고개를 가로저었다. 그리곤 술독으로 다가가 술독 안
을 들여다보았다. 그랬더니 어여쁜 여자는 온 데 간 데 없고 술독
안에 웬 낯선 사내가 앉아 있는 게 아니겠는가. 남편은 아내 곁으
로 돌아와선 음성을 마구 높였다.

"어여쁜 여자라니? 당신이야말로 웬 낯선 사내를 술독 안에
숨겨놓고서 말야."

이렇듯 서로 질투하여 싸우는 소리가 집 바깥까지 들리자 지
나가던 현자가 듣고서 이렇게 말했다.

"내가 그 어여쁜 여자와 낯선 사내를 당장 붙잡아주리다."

그리곤 몽둥이를 들어 그 술독을 깨어버렸다. 그리고 나선 다
시 덧붙였다.

"술독 안에 앉아있던 어여쁜 여자와 낯선 사내는 실체가 아니라 그림자였을 따름이요. 어리석은 사람은 그 그림자를 보고도 실체로 착각하니 그거야말로 틀린 일이 아니겠오. 그러니 당신들도 어서 그 미망의 꿈에서 깨어나시오."

질투심이란 결코 실체가 아니라는 것이다. 실체가 아닌 것을 보고 마치 실체인 듯이 착각을 하는데서 오는 미망이라는 얘기다.

한데도 세상에 질투심이 없는 사람이란 또 없는 것 같다. 바보이거나 천치가 아닌 바에야 사람이라면 누구나 질투심이라는 미망이 가슴속의 장기처럼 심어져 있기 마련이다. 사람 간에 정도의 차이가 있기는 하겠지만, 질투심이라는 자신의 거울 앞에서 결코 자유로울 수 없다는 것이 문제다.

그리고 그 자신의 거울 속을 자신이 바라는 것이 채워지지 않게 되었을 때 곧잘 바르게 들여다볼 수밖에 없게 된다. 특히나 타인과 비교 되었을 때 그러한 현상이 두드러지는데, 그만 자신의 열세를 자각하게 되는 순간 상대에게 강한 라이벌 의식을 갖게 되거나 당장 경쟁하고 싶어지게 되는 것이다.

그렇다고 이러한 질투심이 꼭이 나쁜 것만은 아니라는 생각이

든다. 못난 사람에게서 나타나는 열등감과는 또 다른, 그저 하나의 보편적인 감정쯤으로 받아들여도 좋을 것 같다.

한데 만일 우리에게 상대보다 뛰어나고 싶다는 경쟁심이 없다면 과연 어떻게 될까. 백 미터 달리기나 마라톤 경기에서 실력이 서로 엇비슷할 때 상대보다 한 발자국이라도 앞으로 더 나아가려고 안간힘을 다하는 경쟁심은 아름답게 보이기까지 하지 않은가. 어쩌다 상대 선수가 그만 낙오하고 말면 한 발자국이라도 앞으로 더 나아가려고 안간힘을 다하는 경쟁심이란 것도 기실 찾아보기 어렵게 되고 말잖은가.

자연스러운 경쟁심은 나를 분발케 해준다. 내 안에 숨어있는 힘을 이끌어내어 한 발자국이라도 앞으로 더 나아가게 만든다. 때로 질투심은 자기 성장의 동력이 될 수도 있는 것이다.

다만 이러한 질투심은 조금 신중하게 다루어야 할 필요성이 있다. 달콤한 연애가 그렇고, 기막힌 술이 그러하며, 향기로운 장미가 그렇듯이, 자칫했다가는 날카로운 가시에 찔릴 수도 있기 때문이다. 빛과 그림자의 이중적 성격을 지닌 까닭에서이다.

그리하여 자칫 잘못하기라도 하면 얼토당토 않는 폐해를 가져오는 수가 있다. 자기 성장이 아닌 자기 파괴로 그만 돌변하고 마는 수도 얼마든지 있기 때문이다.

다시 말해 좋은 질투심은 자신의 가능성을 높여준다. 반면에 나쁜 질투심은 자신의 가능성마저 파괴시키고 만다. 그리고 그 좋은 질투심과 나쁜 질투심의 경계란 누구보다 자기 자신이 스스로 잘 알고 있다.

따라서 이 점만 유의한다면 질투심이란 것도 자연스럽게 불러내어 유익한 친구가 될 수 있다. 나를 키워가는 또 다른 숨은 에너지가 될 수도 있는 것이다.

「맹자」에 '호연지기浩然之氣'라는 고사가 전한다. 사람이 지녀야 할 옳고 마땅한 기운을 일컫는 말이다. 원래의 뜻은 하늘과 땅에 가득한 성성한 기운을 일컬었으나, 맹자는 이러한 기운을 잘 다스리고 육화시키면 정신적으로 충만해진다고 했다. 어떠한 흔들림도 없이 세상을 당당하게 살아갈 수 있다고 본 것이다.

질투심 또한 이와 조금도 다르지 않다. 그러한 호연지기를 지니고 있을 때 비로소 나쁜 질투에 빠져들지 아니하고 좋은 질투가 생겨난다. 좋은 질투로 어떠한 흔들림도 없이 자신의 가능성을 당당하게 높여나갈 수 있다고 본다.

浩　然　之　氣

클 **호**　　그러할 **연**　　갈 **지**　　기운 **기**

옳음을 추구하면 아무 흔들림 없이 세상을 당당하게 살아갈 수 있다.

사람이 지녀야 할 옳고 마땅한 기운을 일컫는 말로, 하늘과 땅에 가득한 성성한 기운을 일컬었으나, 맹자는 이러한 기운을 잘 다스리고 육화시키면 정신적으로 충만해진다고 했다. 어떠한 흔들림도 없이 세상을 당당하게 살아갈 수 있다고 본 것이다.

마음에 여유를
가질 수 없을 때

● 　　　나는 부지런하다. 부지런할 뿐더러 대단히 철저하다. 차라리 일을 시작하지 않으면 않았지 일단 일을 벌였다 싶으면 철저히 끝장을 보고야 만다. 철저히 끝장을 볼 뿐만 아니라 일을 입체적으로도 해낸다. 지금 무슨 일인가에 흠씬 빠져있으면서 또 그런 가운데서도 다음에 할 일을 사전에 틈틈이 생각하고 준비하여 미리 대비를 해둔다. 그리하여 막상 그 다음 일이 시작되었을 적에도 전연 생소하다거나 낯설음을 덜 느낀다. 새로운 일도 비교적 수월하게 풀어나가고는 한다.

　　그런 만큼 내가 하는 일에는 상대적으로 실패가 적은 편이다. 짧은 시간 안에 많은 일을 해낼 뿐더러 일정 부분 성과도 따르기 마련이다.

나는 이런 나에 대해 만족하고 있다. 누구도 따르고 흉내낼 수 없는 나만의 방식이자 일 처리 능력에 어떤 자부심마저 느낀다.

이건 내가 자신에게 하는 말이 아니다. 주위 사람들이 일을 하는 나를 보고서 모두가 일컫는 얘기다.

한데 빛이 강하면 그림자 또한 그만큼 짙어지는 것일까. 이런 내게 언제부터인지 그림자가 드리우기 시작하더니, 이제는 피할 수 없는 족쇄가 되어가고 있다. 일을 할 적마다 따라붙어 그 존재를 키워나가고 있다.

그 존재란 다른 게 아니다. 왠지 내가 서두르는 것 같다고 한다. 무언가 모르게 한사코 쫓겨 허둥댄다는 지적을 받곤 하는 것이다.

나 또한 전혀 모르는 게 아니다. 왠지 모르게 쫓겨 허둥댄다는 지적을 누구보다 일상 속에서 뼈저리게 인지하고 있다. 인지하고 있을 뿐만 아니라 또한 불식시키기 위해 나름대로 노력을 하지 않은 것도 아니다.

하지만 오래지 않아 그게 쉽지만은 않은 일음을 알게 되었다.

그것은 이미 내 노력의 영역에서 벗어나고 만, 다시 말해 일을 바라보는 나의 태도에 따라 마치 빛과 그림자처럼 함께 갈 수밖에 없음을 깨닫기에 이르렀다. 일을 하지 않으면 몰라도 일을 하고 있는 한, 왠지 모르게 쫓겨 허둥댄다는 지적에서 결코 벗어나기 어렵다는 사실을 스스로 인정케 되고야 만 것이다.

이와 함께 나는 퍽이나 걱정을 많이 하는 사람 쪽으로 기울고 말았다. 일에 쫓겨 허둥댄다는 지적을 받기 시작하면서부터 동시에 걱정이 크게 늘었다는 지적도 아울러 받고 있는 것이다.

물론 이 점 역시 나름대로는 노력을 하지 않은 게 아니다. 어떻게든 불필요한 걱정에서 벗어나보려고 안간힘을 다해보았다.

하지만 아무런 소용이 없었다. 내가 맡아야 할 사안이 중요하면 할수록, 또 그러한 일에 쫓겨 허둥대면 댈수록, 행여나 일이 잘못되면 어떡하나 하는 걱정에 빠져들기 마련이었다. 오히려 태평스런 친구들을 보고 있으면 마냥 짜증이 날 정도인 것이다.

이쯤 되고 보자 무엇보다 우선 사는 게 재미있을 까닭이 없다. 마냥 일에 쫓겨 허둥대다보면 어느새 하루가, 또한 계절이 속절없이 지나고 만다. 한데도 일이란 좀처럼 끝이 보일 것 같지 않다. 하나가 겨우 끝이 나면 또 다른 하나가 불쑥 생겨나와 꼬리를 물고 이어진다. 실로 은퇴하기 전까지는 질긴 이 삶의 덫으로부터 결코 헤어나기 어려울 것만 같다.

때문에 인생이 재미가 있을 리 만무하다. 인생에 재미가 없으니 자연히 얼굴마저 찌푸릴 경우도 그만큼 더 많아진다.

집을 나서보아도 모두가 뛰어넘어야만 할 경쟁자일 뿐이다. 조금이라도 실수를 하거나 방심을 하였다가는 언제 어떻게 피해를 입을지 몰라 결코 마음을 놓을 수가 없다.

더욱이 주변에는 믿을 수 없는 사람들만이 점차 늘어만 가는 것 같다. 마음을 터놓고서 함께 생각을 나눌 수 있는 이가 점점 더 줄어만 가는 것 같아 안타깝기만 하다.

술자리에서도 마찬가지다. 모두가 그저 술잔이나 기울이며 억지로 마음을 교류하는 척 시늉만 낼 뿐이다. 억지웃음만이 술기운을 빌어 오고갈 따름인 것이다.

그러면서도 언제 어떻게 돌아서 나에게 피해를 줄지 몰라 저마다 전전긍긍이다. 언제 어느 때 자신의 등 뒤에 배신의 칼을 꽂을지 몰라 저마다 의심의 방패를 두르지 않으면 안 된다.

따라서 주변의 가까운 사람들에게조차 일일이 신경을 써야만 한다. 겉으로는 모두가 다 웃고 있지만 언제 어느 때 돌변할지 모를 일이기 때문에 조금도 긴장을 늦추어서는 안 된다.

그리하여 나는 지금 사면초가에 처해 있다. 사면초가에 처해 노이로제가 걸릴 지경에 직면해 있다. 금방 깔깔거리며 웃었다가도 이내 다시금 깊이 가라앉고야 마는, 마치 우울증 환자처럼 입가에 미소를 잃어버리고 산지 이미 오래다. 마음의 여유마저 잃어버리고 만 채 그저 쫓기고 허둥대기만 한지도 벌써 여러 해째다.

지금도 기억이 생생하기만 하다. 마치 어제의 일처럼 손을 내뻗으면 금방이라도 닿을 것만 같은데 벌써 17년이라는 세월이 무상이 흐르고 말았다.

나는 그때 첫 장편소설에 도전하고 있었다. 낮에는 직장에서 일을 하고 밤에는 집에 앉아 단편소설을 끄적이는 것만으로는 직성이 풀리지 않아, 한창 재미를 붙여 꼬박꼬박 잘 다니던 직장에 아무 미련 없이 사표를 내던진 뒤였다. 그리곤 가족이며 친구들에게 이제부터는 소설만 쓰겠노라 강다짐을 한 터였다.

하지만 아침만 되면 출근 시간에 맞추어 생체시계는 어김없이 눈을 뜨게 만들었고, 눈부신 햇살 때문에 도무지 집안에만 온종일 틀어박혀 앉아있을 수가 없었다. 마음껏 원고를 쓸 수 있기는 커녕 집 바깥의 시간과 풍경에 온통 신경이 쏠려 한동안은 애를 먹어야 했다.

결국 낮 동안에는 수면제를 빌어 억지로 잠을 청했고, 깜깜한 밤중이면 일어나 스탠드 전등을 켜고 비로소 책상 앞에 차분히 앉을 수가 있었다. 그러면서부터 쓰기 시작한 것이 첫 장편「명성황후를 찾아서」였다.

한데 어찌어찌 구상을 해놓고 보니 여간 만만치가 않았다. 하필이면 첫 번째 작품이 역사소설이었던 것이다.

아니나 다를까. 마음을 다 잡은 뒤 하루에도 손을 몇 차례나 씻고 또 씻어가며 원고에 줄곧 매달렸건만, '그날 밤 일본인은 순 후레자식들이었다….'는 첫 문장을 쓰고 나자 그만 꽉 막히고 말았다. 그 다음 문장으로는 지금부터 백여 년 전 서울 한성의 호수戶數가 과연 얼마나 되었는지부터 당장 확인이 필요로 했다. 그냥 넘어가기에는 역사소설의 현장 분위기를 되살리는데 문제가 될 수밖에 없었다.

하지만 선뜻 답을 찾기란 쉽지 않은 일이었다. 내가 알고 지내는 사학과 교수들에게까지 연락을 하는 부산을 떨고 나서야 겨우 답을 들을 수 있었다. 물론 이후에도 그들의 신세를 무시로 질 수밖에는 없었지만 말이다.

그러나 무엇보다 두려웠던 것은 두 권 분량에 이르는 원고 매수였다. 여태 써왔던 단편소설의 무려 스물두 배에 달하는 분량이었으니 무거운 짐이 아닐 수 없었다.

비단 물리적인 무거운 짐만이 아니었다. 단편의 세계와는 비교가 되지 않을 정도의 긴 호흡이며 다양한 등장인물, 또 그러한 것들을 유기적으로 스토리 속에 담아나가야 하는 얼개와 전개 또한 비교가 되지 않았다.

그야말로 써도 또 써내도 영원히 끝이 보일 것 같지 않아보였다. 꼬박 밤을 지새우는 원고 작업을 끝낸 뒤 날이 뿌옇게 밝아서야 자리에 누워보지만 잠이 올 리 만무했다.

오후가 되어서야 잠자리에서 일어나 다시금 마음을 다 잡아보지만 날이면 날마다 막막하기만 할 따름이었다. 그 거대한 원고 분량의 전모를 생각하면 너무 겁이 나서 타자기를 만지기조차 싫었다.

그렇다고 도망갈 수도 없었다. 꼬박꼬박 잘 다니던 직장에 아무 미련 없이 사표를 내던지고 나와, 가족이며 친구들에게 이제부터는 소설만 쓰겠노라 강다짐을 한 터였으니 변명의 여지조차 없었다.

정말이지 그때는 이러지도 저러지도 못했다. 그저 하루하루 안간힘을 다할 수밖에는 다른 길이라곤 보이지 않았다. 시쳇말로 죽기 아니면 까무러칠 수밖에 없었던 것이다.

그리하여 첫 문장 한 줄을 쓰고 나서, 그리고 부산을 떤 끝에야 다음 문장을 쓰고, 거기에다 다시 한 문장 또 한 문장을 보태어 나갔다. 매일같이 그러길 그 얼마였는지….

그때는 계절이 오고가는지도 모를 정도였다. 그렇게 봄 여름 가을 겨울 동안을 줄창 매달리고 보자 비로소 미세한 균열이 나타나고 있음을 어렴풋이나마 느낄 수 있게 되었다. 그동안 불가능하게만 여겨지던 그 거대한 원고 분량의 끄트머리가 어느 사이엔가 저만큼 빠주룩이 보이기 시작하는 것이었다.

아무리 바쁘다 하더라도 산을 뛰어오를 수는 없다. 제아무리 많은 일을 하고 중요한 역할을 맡았다하더라도 인생을 한순간에 살 수는 없는 일이다. 산도 인생도 한 걸음 한 걸음 걸어서 정상에 다다르는 것이다. 그래야만이 더 높은 산을, 인생도 더 멀리까지 갈 수 있게 되는 것이다.

「손자병법」에 '우직지계迂直之計'란 고사가 전한다. 곧장 가는 것보다 돌아가는 것이 더 빠를 수도 있다는 뜻이다. 당장 눈앞에 보이는 것에만 매달리기보다 넓은 안목으로 세상을 두루 바라보는 것이 필요하다는 얘기다.

서두르는 건 나쁜 게 아니다. 서둘러서 보다 많은 일을 성취하는 건 결코 잘못된 게 아니다.

하지만 산을 오를 때 그저 정상만을 바라보고 서두른다면 얼마나 재미없는 일이겠는가. 그 길목 길목에서 만나볼 수 있는 아름다운 풍경은 언제 다시 볼 수 있다고 오로지 정상만을 바라본단 말인가.

인생은 소풍이다. 소풍은 그 목적지에 도착하여 얻게 되는 즐거움도 즐거움이지만, 그곳으로 가는 여정마저 즐겁다면 보다 행

복한 나들이가 되지 않겠는가. 자신의 소중한 꿈을 향해 나아가
되 한 발자국 한 발자국 부단히 다가서는 꾸준함이, 단지 눈앞에
보이는 것에만 매달리기보다는 넓은 안목으로 세상을 바라보는
마음의 여유가, 때로는 곧장 가는 것보다 돌아가는 것이 더 빠를
수도 있다는 마음의 지혜를 간직할 수 있을 때 더욱 아름다운 소
풍길이 되지 않겠는가.

迂 直 之 計

우회할 우　　곧을 직　　갈 지　　계책 계

눈앞에 보이는 것에만 매달리기보다
넓은 안목으로 세상을 바라보자.

곧장 가는 것보다 돌아가는 것이 더 빠를 수도 있다는 뜻이다.
산을 오를 때 그저 정상만을 바라보고 서두른다면 얼마나 재미없는 일이
겠는가. 그 길목 길목에서 만나볼 수 있는 아름다운 풍경은 언제 다시 볼
수 있다고 오로지 정상만을 바라본단 말인가.

헛된 수고로 후회하게 되었을 때

●   알 수 없는 일이다. 요즘 들어서 왠지 하는 일마다 공염불에 그치고 있다. 하는 일마다 헛수고로 머물고야 말 때가 많다.

노력을 하지 않은 것도 아니다. 번번이 자세를 곧추세우고 보다 집중을 해보는데도 끝내 산통이 깨지고 만다. 아무런 성과도 거두지 못한 채 일을 마쳐야 할 때가 거의 대부분이다.

어제 오늘만 해도 그렇다. 일을 시작하였을 때만 하여도 나는 의욕에 넘쳤다. 반드시 성취할 수 있을 것이라는 기대에 부풀었었다.

한데 막판에 그만 어그러지고 말 줄은 꿈도 꾸지 못한 일이었다. 또다시 헛수고가 되고 말았다는 생각에 후회가 이만저만이 아니었다. 아니 후회를 넘어 분통까지 치밀어오를 노릇이었다.

요즘은 이런 날들이 거의 매일같이 반복되고 있다. 하는 일마다 헛된 수고가 되고 말면서 점점 의욕을 상실해가고 있다. 앞으로 나가도 모자라는 판에 그만 의욕을 상실하면서 제자리 걸음만을 거듭하고 있을 따름이다. 모르긴 해도 내 인생에서 지금처럼 힘든 때가 또 언제 있었던가 하고 스스로를 돌아보게 된다.

살다보면 좋은 날도 있지만 궂은 날도 있다. 순탄한 때도 많으나 힘겨운 때도 없지 않다. 행복한 순간이 지속되기도 하지만 불행한 순간에 휩싸이기도 한다. 인생의 바다를 항해하는 이라면 누구라도 겪을 수밖에 없는 여정이다.

이렇게 보면 꼭이 좋은 날이나 궂은 날만이 있는 것은 아닌 것 같다. 꼭이 행복하고 불행한 순간이 지속되거나 휩싸이는 것도 아니라는 얘기다. 마치 계절이 오가는 것처럼 좋은 날도 나쁜 날도 서로가 오고가는 것임을 알 수 있다.

그리하여 불행이 닥쳐왔을 적에도 기꺼이 세상 속으로 걸어들어가며 오늘을 인내할 수 있게 된다. 머지않아 행복이 다시금 돌아오리라는 것을 확신할 수 있기 때문이다.

한데 때로는 이러한 균형이 그만 깨어지고 말 때가 있곤 하다. 좋은 날은 그만 짧게 지나가고 궂은 날이 그저 끝을 모르는 체 이어지는 날들이 또한 없지 않은 것이다.

이럴 땐 누구라도 힘들어 하게 된다. 궂은 날이 끝을 모르는 체 이어지게 되면 어느 누구라도 견디기 어렵기 마련이다.

특히 하느라 했음에도 이렇다 할 아무런 성과도 거두지 못한 체 그만 헛수고로 그치고 만다면 그 허탈감이란 이루 말할 수 없으리라. 그것도 번번이 공염불로 그치고만다면 누구나 그만 의욕을 잃어버릴 수밖에는 없을 것으로 보인다.

그러나 한편 곰곰이 헤아려보면 또 이런 생각도 해보게 된다. 세상에 쓸모없는 일이란 하나도 없다는 생각이다. 어떤 일에 실패하여 그만 헛수고를 하고 말았다며 후회하게 되는 그것마저도 결코 헛된 게 아니라는 얘기다.

쓸모없는 일을 하였다고 후회하고 마는, 그것은 곧 그렇게 생각하는 사람의 지혜가 부족하다는 증거일 따름이다. 줄곧 그 일에만 매달렸었으나 당초 자신이 원한 만큼의 성과를 거두지 못했다 하더라도 굳이 비관할 필요까지는 없다는 생각이다.

비관은 곧바로 문제를 포기하도록 재촉할 뿐이다. 문제 앞에서 스스로 무장을 해제하는 꼬락서니 밖에 되지 않는다. 이래가지고는 결코 문제를 해결하기란 요원한 일이다.

그러니 비관은 잠시 뒤로 미뤄두기로 하자. 잠시 뒤로 미뤄둔 채 어떻게든 문제를 해결할 수 있는 방법을 찾아보도록 하자.

중국 진나라의 역사서인 「진서晉書」에 '화룡점정畵龍點睛' 이란 고사가 전한다. 용의 그림에 눈동자를 그려넣었다는 뜻이다. 가장 중요한 것에 혼을 불어넣어 일을 완성짓는다는 얘기다.

장승요라는 사람은 중국 양梁나라 때 이름난 화가였다. 그가 금릉 지방의 안락사安樂寺 벽면에 네 마리의 용을 그리게 되었다. 수개월에 걸쳐 그림이 완성되었으나 그는 네 마리의 용에게 눈동자를 그리지 않았다. 사람들이 이상하게 여겨 묻자 장승요는 이렇게 대답했다.

"눈동자를 그려 넣으면 용이 그만 날아가고 말 것이오."

사람들은 그의 말을 믿지 않았다. 그리하여 네 마리 가운데 한 마리의 용에게 눈동자를 그려 넣게 했다.

그러자 이내 천둥 번개가 치더니 벽면이 갈라지면서 눈동자를 그려넣은 용이 구름을 타고 하늘로 올라가버렸다. 그러나 아직 눈동자를 그리지 않은 세 마리의 용은 벽면에 그대로였다.

거듭 말하지만 세상에 쓸모없는 것이나 헛된 것이란 하나도 없다. 모든 것은 실은 적소에 맞기만 하면 곧 최상의 것이 된다. 거의 쓸모가 없어서 헛되어 보이는 것일지라도 조금만 자세히 들여다보면 나의 다른 것에 힘을 주고, 또한 보이지 않는 다짐이 되어주기도 한다. 비록 헛수고로 그치고 말았다 하더라도 그것으로 말미암아 전엔 미처 몰랐던 것을 정녕 느끼게 되었을 터이고, 새로운 것을 살펴볼 수 있도록 한 뼘 정도 성숙해져 있는 자신을 분명 돌아보게 되었을 것이다.

뿐만 아니라 우리들에게 소용되기 위한 재료들이 실은 모두 다 그러한 시간 속에 숨겨져 있었음을 이제는 발견케 되었을 것으로 믿어진다. 우리들에게 주어져 다 같이 누리고 있는 '오늘과 또 내일' 이야말로 인생이라는 먼 바다를 항해해 가는데 그 무엇보다 유익한 자산임을 진정 깨닫게 되었을 것으로 확신한다.

그런 만큼 괜히 헛된 수고만 하였다고 후회하거나 비관할 것은 없다. 세상에 쓸모없는 것이나 헛된 것이란 하나도 없다는 걸 비로소 확인할 수 있었다면, 더욱이 '오늘과 또 내일'이라는 시간 속에 인생의 여정에 소용되기 위한 갖가지 재료들이 가득 숨겨져 있다는 사실을 깨달았다면, 그렇다면 다시금 몸을 일으켜 추스르기로 하자.

다시금 몸을 일으켜 추슬러 시작하되, 그러나 이제부터는 가장 중요하다고 생각되는 것부터 먼저 혼을 불어넣어 일을 완성지어 가기 바란다. 당장 눈앞에 성과가 나타나지 않는다하더라도 초조해하거나 자신을 의심해서는 결코 안 된다. 그렇다하더라도 흔들림 없이 혼을 불어넣는 일에 집중하길 바란다. 이러한 '화룡점정'이야말로 그간 헛된 수고로 후회만을 일삼았던 나로부터 벗어날 수 있는 유일한 지름길이기 때문이다.

畵 龍 點 睛

그림 **화**　　용 **룡**　　점 **점**　　눈동자 **정**

가장 중요한 것에 먼저 혼을 불어넣어 일을 완성 지어라.

세상에 쓸모없는 것이나 헛된 것이란 하나도 없다. 모든 것은 실은 적소에 맞기만 하면 곧 최상의 것이 된다. 거의 쓸모가 없어서 헛되어 보이는 것일지라도 조금만 자세히 들여다보면 나의 다른 것에 힘을 주고 또한 보이지 않는 다짐이 되어주기도 한다.

침착하지 못해
실수가 잦을 때

최근에 「일본전산이야기」를 감명 깊게 읽었다. 3평짜리 시골 창고에서 시작하여 불과 30년 만에 계열사 140개, 직원 13만 명을 거느린 '일본전산주식회사'의 성공 스토리를 담고 있는 책이다.

한데 창업주이자 저자이기도 한 나카모리 회장의 주장이 눈에 띠었다. 일본전산이 그와 같이 성공할 수 있었던 요인은 뛰어난 리더십도, 높은 수준의 학력도, 특유의 성실함도, 굽힐 줄 모르는 도전정신도 아닌 스피드를 꼽고 있다. 스피드야말로 가장 우선하는 핵심 가치였다고 고백한다. 디지털 시대의 가장 중요한 요체를 정확히 집어내고 있었던 것이다.

내가 「일본전산이야기」를 단숨에 읽을 수 있었던 것도 바로 그런 점에 공감해서였다. 스피드야말로 그 무엇보다 우선하는 핵심 가치라는데 저자와 생각을 같이 했기 때문이다.

실제로 나 또한 집 바깥의 '세상'을 살아가면서 가장 우선하는 핵심 가치로 다름 아닌 스피드를 들고 있다. 다른 건 몰라도 스피드에 있어서는 남에게 뒤진다는 생각을 해본 일이 없다. 내겐 남들에게서 좀처럼 찾아보기 어려운 스피드가 있다는 소리를 듣고 있을 정도인 것이다.

한데 그와 함께 으레 나에게 따라붙는 소리가 있다. 자꾸만 덤벙댄다는 얘기가 그것이다.

물론 평상시에는 아무렇지도 않다. 누구보다 평온하며, 따라서 어느 누구와도 마찰을 일으킬 소지마저 없다. 무엇을 특별히 지적받을 만한 게 따로 없다는 얘길 듣는다.

문제는 어떤 일에 정면으로 부딪쳤을 때의 순간이다. 나는 그때마다 나의 특유의 솜씨, 예의 스피드를 유감없이 발휘케 되는데, 그러면서 동시에 내면의 흥분이 곧잘 고조되어 덤벙대기 일쑤라는 소릴 듣게 된다. 또 그와 같이 덤벙됨으로 말미암아 그만 침착성을 잃어버리고 만다는 지적을 받고 있다.

이 점에 대해 친구는 내게 이런 얘길 하곤 한다. 평상시에는 누구보다 평온하다가도 막상 무슨 일에 부딪치는 순간 그러한 모습을 보이고 마는 건, 결국 짧은 시간 안에 일을 신속하게 처리하여 보다 많은 성과를 얻으려고 하기 때문이라는 것이다. 그리하여 자신도 모르는 사이 스피드만을 한사코 추구하게 되었고, 또한 스피드만을 추구하게 되면서부터 그만 침착성을 잃고야 말았다는 것이다.

다시 말해 짧은 시간 안에 많은 성과를 얻기 위한 과부하로 인하여 평상심이 붕괴되고 말았으며, 또 그러한 평상심의 붕괴로 말미암아 그만 침착성을 잃어버리고 말았다는 얘기다. 스피드가 있다는 건 인정할 수 있을지 몰라도, 또 그때마다 내면의 흥분이 곧잘 고조되면서 끝내 침착성을 상실하고야 말았다는 진단이다.

한데 문제는 이와 같은 지적으로 그치고 마는 게 아니라 반드시 결과로 나타난다는 점에 있다. 스피드는 있으나 덤벙대는 통에 일을 곧잘 그르치고 말 때가 있다는데 그 심각성이 있는 것이다.

요컨대 짧은 시간 안에 보다 많은 성과를 거두기 위해 평상심을 넘어서게 되었고, 평상심을 넘어서면서 침착성을 잃게 되었다는 얘기다. 또한 그때문에 일처리 솜씨가 설령 제아무리 신속하다할지라도 그르칠 수밖에는 없는, 결국 실수가 잦아졌다는 얘기로 요약할 수 있다.

두 말할 나위도 없이 어떻게든 고쳐보려고 무진 애도 써보았다. 일 앞에 섰을 때 침착해지기 위해 갖가지 방법을 동원해 보았음도 물론이다.

그러나 집 '바깥'에 나와 경쟁에 돌입하면서부터 스스로 굳어지고 만 건 정말 어쩔 도리가 없는 것 같다. 이미 피할 수 없는 경쟁의 한복판에 서 있는 나로선 하루 아침에 무얼 어떻게 하기란 결코 쉬운 일이 아니었던 것이다.

나는 이렇듯 지금 심한 곤경에 처해 있다. 경쟁과 침착이라는, 무엇도 버릴 수 없는 갈림길에서 이러지도 저러지도 못하는 갈등에 빠져 그만 헤어나지 못하고 있다.

중국 진나라의 역사서인 「진서」에 '풍성학려風聲鶴'란 고사가 전한다. 바람 소리와 학 울음이란 뜻이다. 겁먹은 사람은 하찮은 일에도 그만 놀라게 된다는 얘기다.

바로 이 고사에 등장하는 사현謝玄은 진晉나라 장수였다. 그는 연주자사로 양자강 북쪽의 모든 군사를 이끌었다.

한데 당시 거대 세력으로 성장한 진秦나라의 부견이 군대를 출병하여 양양 지방을 함락시키고 말았다. 사현은 그런 양양 지방을 곧바로 탈환했다. 그리고 부견의 장수 도안都顔의 목을 베었다. 부견의 패장들은 모두 북쪽으로 달아났다.

부견은 군대가 대패하여 돌아오자 직접 100만 대군을 이끌고 사현을 치기 위해 다시금 쳐들어왔다. 이때 사현이 이끄는 병력은 고작 8만이었다.

더구나 부견이 비수 강변에 먼저 당도하여 군진을 쳤기 때문에 사현은 강을 건널 수가 없었다. 사현은 그런 부견에게 청했다.

"주군의 군대가 강물을 앞에 두고 군진을 치고 있는 것을 보면 속전속결을 치르려는 뜻이 아님을 이내 알 수 있구려. 그러니 주군의 군진을 물려 우리가 강물을 건널 수 있도록 하면 어떠하겠오?"

사현의 청을 들은 부견이 옳거니 싶었다. 일부 장수들의 반대

의견이 있었으나 그깟 8만으로 대체 무얼 어떻게 할 수 있겠느냐며 한사코 듣지 않았다. 그는 사현의 군대가 강물을 모두 건너왔을 때 곧바로 공격할 생각으로 군진을 물리도록 명했다.

한데 그때였다. 부견의 100만 대군이 군진을 물리느라 혼란스러운 틈을 타 사현은 8천의 정예 병력을 이끌고 재빨리 기습 공격을 감행했다.

미처 대오를 갖추지 못한 부견의 100만 대군은 사현의 재빠른 기습 공격 앞에 우왕좌왕하다 속수무책으로 무너졌다. 결국 부견은 부상을 당하고, 대패한 부견의 병사들은 서로 짓밟혀 죽거나 강물에 빠져 죽은 자가 헤아릴 수 없었다. 나머지 병사들도 갑옷을 벗어던지고 도망을 쳐야 했다.

하지만 혼란스러움과 기습 공격 앞에 어찌나 혼쭐이 났던지 지나가는 바람소리, 학 울음소리에도 사현의 병사들이 아닌가 싶어 모두 겁을 먹었다. 그러다 부견의 패잔병들은 추위와 굶주림 속에 대부분 죽어갔다. 부견은 부상당한 몸을 이끌고 수레도 없이 머나먼 길을 걸어서 돌아가지 않으면 안 되었다. 사현의 8만 병력이 부견의 100만 대군을 그처럼 한순간에 무너뜨리고 말았던 것이다.

이 고사에서도 볼 수 있듯이 어느 누구라도 한순간 침착성을 잃으면서 그만 판단의 착오를 일으킬 수가 있다. 그리고 그 한순간의 판단 착오만으로도 큰 화를 부를 수 있다.

물론 최근 베스트셀러의 예가 아니라하더라도 스피드 또한 오늘날 대단히 중요하다. 디지털 시대를 살아가고 있는 우리에게 그 어떠한 가치보다 우선한다고 말할 수 있다.

하지만 자신이 이미 깨닫고 있는 것처럼 그러한 스피드로 말미암아 과부하가 일어나 자칫 덤벙대고, 덤벙대면서 침착하지 못하게 된다면 고민하지 않을 수 없다. 더욱이 침착하지 못하게 되면서 한순간 판단의 착오를 일으킬 소지가 많아지고, 또 그로 말미암아 실수가 잦아진다면 분명 다시 한 번 생각해 볼 문제가 아닐 수 없다. 왜냐하면 실수가 잦다는 건 곧 그만큼 자신이 가진 것을 잃어버리기 쉬운 까닭에서이다.

한데 나는 이 문제를 두고 경쟁과 침착을 서로 떼어내어서 생각해보기로 했다. 문제를 나누어 한 가지씩 보다 용이하게 접근해보자 함이었다.

먼저 경쟁은 비단 누구 한 사람만의 문제가 아니라고 본다. 우리 모두가 그러한 속에 다 같이 놓여 있다. 따라서 어느 누구도 피할 수 없는 것처럼 보인다. 누구도 피할 수 없는 것이라면 애써 우회하려거나 모면하려기보다는 함께 안고 갈 수밖에 없는 것이라는 생각이 든다.

그렇다면 이제 경쟁은 더는 문제 삼을 필요가 없다고 본다. 경쟁은 더 이상 우리에게 무거운 짐이 아닌 우리의 일부라고 적극적으로 받아들이면 그만이다.

그럼 이젠 침착만이 남게 된다. 스피드의 장해물이 되는 이 점만 해결이 된다면 고민도 끝이다.

한데 나는 이런 얘기를 이미 오래 전부터 해오고 있었다. 굳이 침착할 필요가 있느냐는 것이다.

말할 나위도 없이 어쩌다 침착한 사람을 만나게 되면 보기에 참 근사하다. 주위 사람들까지 덩달아 분위기를 잡아주면서 집중력을 높여준다.

하지만 침착한 사람치고 스피드까지 가진 이는 아무래도 보지 못한 것 같다. 침착한 사람들을 가만 보면 대개 조금쯤은 느리기가 일쑤다. 신은 누구에게나 공평해서 침착한 사람에게 스피드까지 주지는 않는 모양이다.

더구나 그동안 나는 그렇게 침착하지 않아도 성공한 사람을 여럿 만나보았다. 애써 침착하지 않더라도 행복하게 살아가는 사람을 숱하게 보아왔다. 또 그런 사람들을 만나볼 적마다 나는 그러한 확신을 더욱 굳힐 수 있게 되었다.

그럼에도 아직 문제는 다 가시지 않은 것 같다. 스피드가 있으면서 실수 또한 잦지만 않다면 그보다 더 좋을 수가 없으련만, 신은 누구에게나 공평하여 그 두 가지 모두를 주지는 않는다는데 있다. 스피드로 말미암아 과부하를 일으킴으로써 자칫 실수가 많아진다는 게 여전히 골칫거리로 남아 있는 것이다.

나는 그동안 대기업의 경영자들을 수많이 인터뷰할 수 있는 기회가 있었다. 대부분 힘든 시련을 어기차게 이겨내고서 오늘에 이른, 이른바 성공한 자들이었다.

한데 신기하게도 그들에게선 하나같이 공통점이 묻어났다. 그들의 성공을 한마디로 요약해보는 것이 어렵지가 않았다. 그들은 곧 작은 일을 잘 할 수 있게 되면서 큰일도 잘 할 수 있게 되었더라는 것이다.

사실 큰일은 오히려 실수를 거의 하지 않게 된다. 처음부터 충분히 준비를 하고 시작하기 때문이다.

하지만 작은 일은 대개 그렇지 못하다. 작은 일을 그만 소홀히 취급하는 바람에 나중엔 큰일까지 그르치고 마는 것이 예삿일이다.

결국 작은 일도 잘해야 큰일도 잘 하게 된다는 것이다. 크든 작든 실수가 잦아서는 성공하기 어렵다는 얘기가 된다.

그렇다면 문제는 간단하다. 잦은 실수를 하지 않아야 한다는 것인데, 그러기 위해서 반드시 침착해야 한다면 지금부터라도 그 침착을 기르기로 하자. 침착하기 위해 스피드를 다소 줄여야 한다면 그것도 적극적으로 고민해보기로 하자.

그러나 거듭 말해두지만, 실수만 줄여나갈 수 있다면 애써 침착할 필요까지는 없다는 게 변함없는 나의 생각이다. 침착성은 다소 떨어지더라도 스피드 있는 이가 성공할 수 있는 확률이 더 높다는 것이 앞서 베스트셀러에서 확인한 이야기이자, 또한 내가 바라는 진정한 젊음의 모습을 비로소 거기서 찾을 수 있는 까닭에서이다.

風 聲 鶴 唳

바람 **풍**   소리 **성**   학 **학**   울 **려**

한순간의 판단 착오가 커다란 화를 부른다.

어느 누구나 한순간 침착성을 잃으면서 그만 판단의 착오를 일으킬 수가 있다. 그리고 그 한순간의 판단 착오만으로도 큰 화를 부를 수 있다.

좋은 친구가 없을 때

●　　　　친구가 많은 이를 보면 유쾌하다. 친구가 많은 이를 보면 풍요롭다. 친구가 많은 이를 보면 얼굴에 늘 웃음이 가시지 않는다. 친구가 많은 이를 보면 그래서 늘 부럽기만 하다.

한데 나는 그런 친구가 없다. 외로운 맹수처럼 단지 나 혼자만이다. 기쁠 때나 곤경에 차 있을 때에도 언제나 나 혼자일 따름이다.

그리하여 나는 유쾌하지도, 역시 풍요롭지도 않다. 누구로부터 부러움을 받을 수도, 또한 시끌벅적한 무리 속에 서있지도 못하다.

때문에 휴일이면 나는 그저 막막하기만 하다. 하루 종일 어디서 혼자 무얼 하고 지내나 고민하지 않으면 안 된다.

물론 친구라는 이름이 아주 없는 건 아니다. 내 휴대폰 속에는 이런저런 이름들이 남들처럼 적잖이 저장되어 있음은 물론이다.

하지만 전화를 걸어보려고 그 이름들을 살피다보면 이내 망설이게 된다. 막상 전화를 걸어보려고 생각을 하다보면 이런저런 이유에 가로막혀 그만 그 이름들이 저만큼 멀어지곤 마는 것이다.

그래서 나는 늘 외로울 수밖에 없다. 무슨 일이든 나 혼자서 하지 않으면 안 된다. 막막하기만 한 이 세상을 외로운 맹수처럼 그저 나 혼자서 살아가야만 하는 것이다.

나는 왜 이처럼 친구들이 없는 걸까. 내겐 왜 그런 좋은 친구들이 만들어지지 않는단 말인가.

석양의 놀빛 아래 어느 농부 부부가 작은 수확을 감사하며 다소곳이 기도하고 있는 그림 「만종」으로 우리에게도 익숙한 프랑스 화가 밀레는, 가난한 농부의 아들로 태어났다. 어릴 적부터 화가가 꿈이었던 밀레는 예술의 도시인 파리로 가서 본격적인 그림 공부를 하는 게 오랜 소망이었다.

하지만 그의 집은 너무나 가난하기만 했다. 자신의 꿈을 위해 가족을 희생시킬 수만도 없는 일이었다.

그런 어느 날 평소 밀레의 재능을 안타깝게 여긴 한 친구가 찾아와 말했다. 자신이 대신 가족을 돌보아줄 테니 파리로 떠나라고 권했다. 밀레는 친구에게 가족을 부탁한 뒤 부푼 꿈을 안고서 파리로 향했다.

그러나 파리에서의 현실은 참담했다. 당장 끼니조차 해결하기가 어려웠다.

밀레는 선택의 여지가 없었다. 산 입에 거미줄을 칠 수 없어 누드 그림이라도 그려야만 했다.

하지만 밀레는 이내 자괴감에 빠져들고 말았다. 무엇보다 자신이 그린 누드 그림을 보고 사람들이 비웃고 있는 것만 같아 견딜 수 없었다.

밀레는 다시금 마음을 고쳐먹었다. 배를 굶주리는 한이 있더라도 그림다운 그림만을 그리겠다고 다짐한 것이다.

그러나 아는 이 하나도 없는 낯선 파리에서 무명의 화가로 살아가기가 여간 힘든 게 아니었다. 생활은 날로 찌들어 갔고, 추운 겨울에도 온기 한 점 없는 냉방에서 온 몸을 떨어야 했다.

그런 밀레에게 친구 루소가 찾아와 말했다.

"이보게, 밀레. 아주 기쁜 소식이 있어. 자네 그림을 사겠다는 사람이 드디어 나타났다구."

밀레는 귀가 번쩍 띄었다.

"내 그림을? 그게 정말인가?"

"그렇다니까. 여기 돈도 미리 받아왔다구."

루소는 밀레 앞에 거금을 꺼내어놓았다.

"이렇게나 많은 돈을?"

밀레의 두 눈이 휘둥그레졌다. 액수가 많은 걸 보니 어떤 특별한 그림을 요구하는 것 같다고 생각했다.

루소는 고개를 가로 저었다. 그림 선택 또한 전적으로 자신에게 맡겼다며 아무 걱정 말라고 안심시켰다.

"아니, 그럴 필요도 없겠어. 그냥 저기 저 그림을 가져가면 되겠군. 저기 저 「접목하는 농부」를 가져갈 테니 그리 알게나."

생각지도 않은 거금을 손에 쥐게 된 밀레는 마침내 궁핍에서 벗어날 수 있었다. 자신이 그리고자 하는 그림만을 비로소 그릴 수가 있게 된 것이었다.

그로부터 몇 해가 지난 어느 날이었다. 우연히 친구 루소의 집을 찾아가게된 밀레는 그만 깜짝 놀랐다. 자신의 그림 「접목하는 농부」가 친구 루소의 집 거실에 걸려있었다. 밀레는 비로소 거금을 들여 자신의 그림을 사준 이가 다름 아닌 친구 루소였다는 사실을 비로소 알고서 감동의 눈물을 삼키지 않을 수 없었다.

아름다운 우정이다. 루소와 같은 좋은 친구만 있다면 또 부러워할 것도 없을 것 같다. 좋은 친구가 있다는 것은 정녕 행복한 일이 아닐 수 없다.

「삼국지」에 '수어지교水漁之交'란 고사가 전한다. 물고기가 물을 얻는다는 뜻이다. 좋은 친구란 물고기가 물을 만난 것과 같다는 얘기다.

촉나라의 유비는 위나라의 조조가 침공을 해오자 널리 인재를 구하고 나선다. 그러면서 삼고초려三顧草廬(초가집을 세 번 찾아가 머리를 숙인) 끝에 갓 27살의 백면서생 제갈공명을 맞아들이자, 관우와 장비는 유비의 그런 자세가 마땅치 않아 노골적으로 불만을 터뜨린다. 그러자 유비는 관우와 장비에게 이렇게 말한다.

"나에게 지금 제갈공명과 같은 좋은 친구가 있다는 것은 곧 물고기가 물을 얻은 것과 같다."

하지만 세상에 보석은 흔치 않다. 밀레에게 루소와 같은, 유비에게 제갈공명과 같은 좋은 친구 또한 마찬가지다. 좋은 친구란 보석과 같이 결코 흔하지 않다는데 우리의 고민이 있다.

선배 한 분이 있다. 이른바 학력, 지위, 돈, 독서량, 취미, 인간미, 거기에다 속 썩이지 않고 우리 사회의 주역으로 잘 자라준 자식들까지, 그야말로 남부러울 게 하나도 없는 선배다. 한데 딱 한 가지 친구가 별로 없다.

때문에 곧잘 나를 불러내고는 한다. 밥을 사고 또 술을 산다.

그리고 그런 자리에 나가볼 적마다 선배는 으레 누군가와 자리를 함께 하고 있기 마련이다. 텔레비전에서나 볼 수 있는 유명 대학 교수나 언론인, 대사, 화가, 조각가, 고서 수집가, 기업가 중 한두 사람이다.

그렇다고 친구 사이는 아니다. 업무 때문에 서로 알고 지내게 된 관계일 따름이다.

그래서 언제인가는 한번 넌지시 물은 적도 있다. 왜 친구를 사귀지 않느냐고. 이젠 친구가 필요로 할 때가 아니냐며.

선배의 답변은 너무도 명료했다. 어릴 적 고향 친구며 학교 동문들이 적지 않아도 지적 수준이랄지 관심사가 서로 맞지 않게 되면 자주 만나게 되지 않더란다. 다른 건 몰라도 그러한 조건이 일정 부분 충족되지 않고선 친구로 지속되기 어렵다는 얘기였다.

이는 비단 선배만이 아니라고 본다. 대개 친구가 없는 이들에게 이유를 물어보면 그와 같은 답변을 듣게 되는 경우가 많다. 무언가 자신의 조건이 너무 두드러지게 되면 그만큼 친구가 가까이 다가서기 어려워질 수밖에는 없다.

그러나 친구란 원래부터 터무니없는 것이다. 언제든지 푸르릉, 하고 내 곁에서 날아가 버릴 철새와도 같은 것이다.

그리하여 친구란 내가 무언가를 내어줄 수 있을 때 가능해진다. 하다못해 넓은 도량이라도 베풀 수 있을 때 비로소 붙잡아둘 수 있게 된다.

그런 만큼 친구에게 많은 것을 결코 기대하지 말아야 한다. 친구에게 많은 것을 기대하는 것처럼 어리석은 짓도 없다. 철새가 그만 푸르릉, 하고 날아가 버리면 그 자리에는 더할 나위 없이 또렷한 실망만이 남게 될 것이기 때문이다.

한마디만 덧붙이자. 그렇게 남은 친구라 하더라도 긍정적이지 않은 사람과는 당장 절교하는 것이 마땅하다.

항상 우울한 얼굴을 하고 있는 친구, 내 생각에 찬물을 끼얹는 친구, 진지한 대화에도 자꾸만 딴전을 피우는 친구, 희망을 꿈꾸기보다는 좌절에 빠져있는 친구, 노력하기보다는 비관에만 빠져있는 친구와 만나고 있다면 지금 곧 과감히 절교하기 바란다. 이런 사람과는 두 번 다시 어울려선 안 된다.

이런 친구는 만나봐야 내 인생에 아무런 도움이 되지 않는다. 도움이 되지 않을 뿐더러 알게 모르게 나를 조금씩 파괴시키고 만다. 나 또한 긍정적이지 않은 사람으로 그 친구를 닮아갈 따름이기 때문이다.

하지만 못내 기다리고 있음에도 아직 좋은 친구가 나타나지 않은 이들이 있다. 좋은 친구를 갖고 싶다는 열망이 간절한데도 아직껏 이뤄지지 않고 있는 이들도 많을 줄 안다.

그렇더라도 결코 염려할 것은 없다. 낙담을 하거나 고민할 필요라곤 없다.

그저 아직 좋은 친구를 만나지 못했을 뿐이다. 아직 좋은 친구

를 만나지 못했다는 것은 또 그만큼 머지않아 곧 만날 수 있는 확
률이 높아질 수 있다는 얘기가 된다.

계절이 바뀌면 으레 철새들이 오간다. 반드시 새로운 철새들
이 날아오도록 되어 있다.

좋은 친구 또한 이와 조금도 다르지 않다. 지그시 기다리다 보
면 반드시 그 날이 찾아온다. 젊은 날개를 퍼덕이며 어느새 네 곁
으로 날아들 것이다. 가슴 두근거리게 하는 그런 좋은 친구가….

水 漁 之 交

물 **수**　　물고기 **어**　　갈 **지**　　사귈 **교**

좋은 친구란 물고기가 물을 만난 것과 다르지 않다.

세상에 보석은 흔치 않다. 밀레에게 루소와 같은, 유비에게 제갈공명과 같
은 좋은 친구 또한 마찬가지다. 좋은 친구란 보석과 같이 결코 흔하지 않
다는데 우리의 고민이 있다.

남을 미워할 수밖에 없을 때

참으로 좋은 사람이 있다. 사랑스런 사람이 많다. 자신은 물론이고 주위까지 환하게 만드는, 그런 아름다운 사람들을 흔히 만나게 되곤 한다.

그런 사람을 만나게 되면 절로 가슴이 훈훈해진다. 누구나 행복해질 수밖에 없다.

그러나 세상엔 아름다운 사람만이 모여 사는 건 아니다. 그렇지 않은 사람도 얼마든지 만나게 된다.

특히나 내가 가장 싫어하는 사람 가운데 하나는 얼굴에 철판을 깐 뻔뻔한 사람이다. 자신의 잘못이 타인에게 얼마나 큰 불편을 안겨주는지 전연 모르는, 그런 몰지각한 사람들이 의외로 적지 않다.

이런 사람과 맞닥뜨리게 되면 정말이지 미워할 수밖에 없다. 누구라도 불행해질 수밖에 없는 것이다.

하긴 이럴 땐 흔히 하는 말이 있다. '똥이 뭐 무서워서 피하는 줄 아느냐' 는 것이다.

마찬가지로 그냥 외면해버리면 그만이다. 그런 치사한 얼굴은 두 번 다시 상대하지 않으면 될 일이다.

한데 공교롭게도 그냥 외면해버리고 말면 그만일 그런 낯선 타인이 아니라고 한다면 상황은 곧 달라진다. 나와 아주 가까이 서 있는 사람 가운데 이런 부류에 속하는 이가 있다고 한다면 분명 문제가 될 수밖에는 없다.

더구나 손익을 놓고서 직접 다투는 관계라면 보다 난감해지고 만다. 그것도 결코 용서할 수 없는 문제라면 더욱 어려움에 처할 수밖에는 없다 하질 않겠는가.

나는 지금 그런 상황에 놓여 있다. 누군가를 정말 죽이고 싶도록 미워할 수밖엔 없다.

어떤 사내가 누군가를 못내 미워할 수밖에 없었다. 누군가를 못내 미워하게 되면서 하루도 마음 편한 날이 없었다. 하루도 마음 편할 날이 없어 그만 날이 갈수록 몸이 쇠약해지고 말았다.

그런 사내에게 친구가 물었다.

"무슨 말 못할 고민이라도 있는 모양이지? 자꾸만 네 몸이 말라가고 있는걸 보니 말야."

사내는 그제야 자신의 속내를 드러냈다. 누군가를 미워할 수밖에 없어 고민 중이라고 털어놨다.

그러자 친구가 반가운 소릴 했다. 고민에서 벗어날 수 있는 방법을 안다는 것이다.

"아주 간단해. 네가 미워할 수밖에 없다는 그 상대에게 마귀의 저주를 씌우면 돼."

그렇게 되면 미워하는 마음을 그 누군가에게로 되돌릴 수 있다고 했다.

사내는 친구에게 매달렸다. 어떻게 하면 그 마귀의 저주를 씌울 수 있는지 가르쳐달라고 애원했다.

"가르쳐주는 건 아무 것도 아니야."

한데 문제가 한 가지 있다고 친구는 난색을 표했다.

"뭔데? 문제라는 게."

"그건 네가 미워할 수밖에 없다는 그 상대에게 마귀의 저주를 씌우기 전에 네가 먼저 피해를 입는다는 거야. 그래도 괜찮겠어?"

사내는 결심을 한 듯 이내 괜찮다고 했다. 자신이 먼저 피해를 입는 한이 있더라도 미워하는 상대에게 미움이 되돌아갈 수 있는 마귀의 저주만 씌울 수 있다면 아무 상관없다고 보챘다.

그렇다. 타인으로부터 미움을 받게 되었거나 심한 모욕을 당하였을 때, 혹은 손해를 입게 되었을 땐 누구라도 상대가 진저리치게 미워질 수밖엔 없다. 공연한 내게 흙탕물을 끼얹는데 결코 웃을 수만은 없는 게 인간이다. 이내 상대가 미워져 분노가 치밀어 오르는 게 누구나 갖게 되는 보편적인 감정이다.

하지만 상대가 그렇듯 밉다고 해서 미워하고 마는 것만으로는 언제까지나 미움으로부터 벗어나지 못한다. 상대에게 마귀의 저주를 돌리는 순간 나 또한 그만 피해를 입게 되고 마는 것이 인지상정人之常情(사람의 보통 마음)이다.

다시 말해 미워하는 것을 내가 먼저 스스로 내려놓을 때 그러한 미움으로부터 벗어날 수 있다. 결코 미워할 수밖에 없는 미움을 내가 용기 있게 먼저 버릴 때만이 비로소 그 미움으로부터 벗어날 수 있게 된다.

「장자」에 '조삼모사朝三暮四'라는 고사가 전한다. 아침에 세 개, 저녁에 네 개의 합은 일곱 개라는 뜻이다. 아침에 세 개 저녁에 네 개나, 아침에 네 개 저녁에 세 개의 합은 같다는 얘기다.

한데 원숭이를 기르는 사육사가 도토리 먹이를 주는 이야기다. 아침에 세 개 저녁에 네 개를 주는 조삼모사나, 아침에 네 개 저녁에 세 개를 주는 조사모삼朝四暮三이나 결국 그 합은 일곱 개로 같다.

하지만 원숭이는 이 점을 깨닫지 못한다. 조삼朝三이냐, 조사朝四냐 만을 따지면서 기뻐하거나 혹은 분노감을 나타낸다. 요컨대 세 개와 네 개나, 네 개와 세 개의 합은 어차피 일곱 개일 수밖에 없으니 일희일비一喜一悲(기뻐할 것도 슬퍼할)할 이유가 따로 없다는 설명이다.

칼을 만드는 장인은 무엇보다 인내하지 않으면 안 된다. 쇳덩이를 불에 수없이 달구고 두드린 끝에야 마침내 훌륭한 명검을 만들어 내게 된다.

마찬가지로 사람도 힘든 순간을 슬기롭게 인내할 줄 앎으로써 훌륭한 인격자가 될 수 있다는 것을 한번쯤은 생각해볼 필요가 있다. 설령 제아무리 심한 모욕을 당했거나 손해를 입었다 할지라도 그저 분노하고 마는 것만으로 모든 게 해결되었다고 보기는 어렵다.

정작 그런 순간에 한번 이렇게 생각해보면 어떨까. 그래도 죽는 고통보다는 낫다고 생각을 고쳐먹는다면 마음이 다소라도 가라앉지 않겠는가. 또한 그럴 땐 나를 보다 단련시키려고 하늘이 잠시 고난을 내린 것으로 생각을 돌려본다면 어떻겠는가. 그와 같이 생각을 좀 더 확장시켜 본다면 난감한 문제라도 보다 이성적으로 해처나가게 될 수 있지 않을까. 끝내 남을 미워할 수밖에 없을 땐 이러한 점도 한번쯤은 돌아보길 바란다.

朝 三 暮 四

아침 **조**　　석 **삼**　　저녁 **모**　　넉 **사**

삼과 사의 합은 어차피 칠이니 일희일비하지 말자.

힘든 순간을 슬기롭게 인내할 줄 앎으로써 훌륭한 인격자가 될 수 있다는 것을 한번쯤은 생각해볼 필요가 있다. 설령 제아무리 심한 모욕을 당했거나 손해를 입었다 할지라도 그저 분노하고 마는 것만으로 모든 게 해결되었다고 보기는 어렵다.

뿌리칠 수 없는
유혹에 빠져있을 때

이건 실은 내 얘기가 아니다. 전적으로 내 친구의 얘기다. 친구가 지금 떠안고 있는 문제일 뿐 내가 찾고자 하는 해답은 아니라고 할 수 있다.

한데도 굳이 문제로 삼고자 하는 것은 딴은 이유가 있어서이다. 이 문제가 지니고 있는 보편성 때문이다.

다시 말해 내 얘기일 수도 있다는 생각이 들었다. 어쩌면 우리 모두의 얘기가 될 수도 있다는 생각이 든 것이다. 살다보면 누구나 이러한 함정에 빠질 수 있다는 판단에 하나의 문제로 삼아본 것이다.

그러니까 친구의 전화를 받은 날은 공교롭게도 일요일이었다.

으레 토요일 저녁이면 술자리에 앉게 되어 일요일 하루 동안만은 그냥 집에 눌러앉아 바깥에 나오지 않는다는 걸 누구보다 잘 알고 있을 친구이련만, 나를 찾는 음성이 결코 예사롭지 않았다. 만나지 않고선 곧 무슨 일이 벌어지고야 말 것 같은 그러한 음성이었다. 평소와 달리 한껏 가라앉아 있었던 것이다.

서둘러 집을 나서 수락산 밑까지 갔다. 친구를 찾아갈 때마다 만나곤 하던 예의 그 장소였다.

친구는 먼저 나와 기다리고 있었다. 우리는 근처 계곡에 자리한 술집으로 장소를 옮겨 앉았다. 그러면서 일요일인데도 나를 불러야 했던 이유, 친구의 고민이 무엇인가를 비로소 알게 되었다.

친구의 고민은 다른 게 아니었다. 어떤 업체에서 도움을 주겠다고 한 것이다. 물론 아무런 조건도 없는 도움이었다. 그저 친구의 딱한 사정을 전해 듣고 업체에서 먼저 제의해 온 것이라고 했다.

하기는 친구가 그만 딱한 사정에 처하고 만 것이나, 업체에서 도움을 주겠다고 한데에는 기실 그럴만한 배경이 있었다. 벌써 몇 해째 병원에 장기 입원해 있는 노모의 엄청난 치료비 때문에 친구가 늘 남몰래 쪼들려왔던 게 사실이다.

요컨대 이 '선의의 후원'이라고 말하는 업체의 도움을 받아야 할지 말아야 할지를 친구는 갈등하고 있었다. 노모를 생각했을 때 도저히 뿌리칠 수 없는 유혹에 빠져있었던 셈이다.

"… 넌 어땠으면 싶어?"

내가 물었을 때 친구는 알 수 없는 표정을 지었다. 하지만 그의 심중은 오직 병석에 누워있는 노모만을 생각하고 있음을 어렵잖게 읽을 수 있었다. 그가 고민할 수밖에 없는 이유다.

참으로 이상도 하다. 유혹은 왜 그리도 달콤한 것인지 모른다. 우리를 한사코 뒤돌아보게 만드는지 모르겠다. 우리를 온통 사로잡아 그만 무기력하게 굴복시키고 마는지 도무지 알 수 없다.

더구나 이런 유혹의 속살엔 결코 외면할 수 없는 신비함마저 숨어있다. 꽃이 달콤한 꿀을 품고 있어 벌을 불러들이듯이, 이상하게도 유혹의 속살에는 당장 내가 원하는 것을 고스란히 지니고 있기 마련이어서 뿌리치기가 쉽지 않다.

그러나 이같이 달콤한 것일수록 반드시 주의를 기울여야 한다. 달콤한 것일수록 깊은 함정이 으레 도사리고 있기 때문이다. 돌이킬 수 없는 덫에 갇히기 쉬운 까닭에서이다.

한데도 이러한 유혹으로부터 우린 결코 자유롭지 못하다. 단숨에 외면하고 뿌리치기에는 유혹이 가지고 있는 욕망의 속성이 너무도 달콤한 탓이다.

불가에 이런 얘기가 전한다. 눈 덮인 산을 황금으로 만들어주고, 더욱이 그것이 두 배가 될지라도 사람의 욕심을 결코 채우지 못한다는 것이다.

그러자 부처의 제자 가운데 라다가 물었다.

"도대체 악마란 무엇입니까?"

부처가 대답한다.

"색色이 악마이니라. 그러니 마음이 있는 자는 색을 멀리함으로써 비로소 해탈할 수가 있다."

여기서 색이란 곧 우리의 자의식을 일컫는다. 인간의 욕망은 단순히 물질적인 것만이 아니라 명예욕이나 권력욕, 식욕, 성욕에 이르기까지 그 끝이 없는 것인데, 자기 실현을 위해 그러한 욕망을 충족시키려 할 때 악마라고 일컬어지는 의인화된 문제가 마음속에 의식되어 그것의 유혹을 받는다는 설명이다.

불교에서는 이러한 욕망을 무명無明이라 하고, 기독교에서는 원죄原罪라고 말한다. 그리고 이러한 욕망에 사로잡히게 되면, 그리하여 그러한 욕망이 바라는 대로 몸이 따라가다 보면 결국 악마에게 지배되어 인간성을 상실하고 만다고 얘기하고 있다.

한데 여기서 한 가지 주의깊게 살필 것이 있다. 욕망 그 자체는 악마가 아니라는 점이다. 욕망 그 자체는 무색無色일 따름이다.

따라서 그러한 욕망이 발동했다하더라도 그 결과가 얼마든지 달라질 수 있다고 본다. 우리의 의지에 따라 그러한 욕망을 좋게 실현시킬 수도, 나쁘게 실현시킬 수도 있다는 것이다.

조선 인조 때 홍만종이 지은 「순오지旬五志」에 '언서지혼鼴鼠之婚'이란 고사가 전한다. 두더지의 혼인이란 뜻이다. 높은 계층의 상대와 혼인하고 싶어 하나 결국 같은 부류와 맺어지기 마련이더라는 얘기다.

두더지가 자기 자식을 보다 좋은 곳으로 결혼시키고자 했다. 그래서 처음에는 하늘이 최고 높다 하여 하늘을 찾아가 청혼했다. 하늘이 말했다.

“내 비록 수많은 것을 포용하고 있으나 해와 달이 아니면 나의 위덕이 드러나지 않을 것입니다. 그러니 해와 달을 찾아가보도록 하세요.”

두더지는 해와 달을 찾아갔다. 해와 달이 사연을 들은 뒤 말했다.

“하늘의 말과 같이 하늘의 위덕은 곧 우리가 있음으로 해서 빛이 나는 건 사실이라오. 하지만 제아무리 하늘을 위하여 빛을 밝히려 해도 구름이 한번 우리들의 빛을 가리고 말면 무슨 방법이 없습니다. 우리의 힘으로는 구름을 어쩌지 못하니 분명 구름이 우리보다 위에 있는 게 아니겠오?”

두더지는 하는 수 없이 구름을 찾아갔다. 구름이 사연을 들고 난 뒤 말했다.

“그건 사실이오. 오직 내 능력으로 해와 달이 그만 빛을 잃게 되고야 만다오. 그러나 바람이 한번 휘몰아치면 아무리 내가 움직이지 않으려 해도 도무지 불가능하답니다. 그러니 바람을 찾아가보는 것이 좋을 듯싶소.”

딴은 그렇겠다 싶었다. 두더지는 다시금 바람을 찾아갔다. 바람이 말했다.

"구름이 한 얘기는 사실이에요. 구름은 내 힘을 당하지 못하죠. 그렇지만 나 역시 석불石佛 앞에선 당할 재간이 없다오. 아무리 힘을 모아 세차게 불어도 보았지만 석불은 꼼짝도 하지 않더이다. 아무래도 석불이 나보다 위에 있는 것 같소이다."

두더지는 머리를 끄덕이며 석불을 찾아갔다. 석불이 말했다.

"구름의 얘기가 틀리지 않소. 바람이 아무리 세차게 휘몰아친들 내가 넘어질 까닭이 있겠소. 그런데 말이외다. 두더지가 내 발밑을 자꾸 들쑤셔 놓게 되는 날엔 난들 어쩔 도리가 없이 그만 넘어지고 만다오. 이렇게 보면 나보다 두더지가 더 위에 있는 존재가 아니겠소?"

두더지는 몹시 만족스러워했다. 하늘, 해와 달, 구름, 바람, 석불보다도 더 높은 것이 두더지 자신들이라는 소리에 결국 두더지 동네에서 두더지 상대를 구해 자식을 혼인시켰다.

욕망은 불과 같은 것이다. 불의 속성과 너무나도 흡사하기만 하다.

물론 불은 우리에게 여러 가지로 유익함을 안겨준다. 우리의 문명생활에 없어서는 안 될 중요한 이기로 자리 잡아온 지 이미 오래다.

하지만 똑같은 불이라 하더라도 자칫 잘못 다루개 되면 전연 엉뚱한 모습으로 바꾸기도 한다. 순식간에 우리의 삶을 잿더미로 만들고야 마는 화마의 모습으로 돌변하기도 한다.

이같이 불은 그 자체로는 무색이다. 한데 이 무색을 우리들이 어떻게 사용하느냐에 따라, 다시 말해 우리의 욕망이 어떻게 작용하느냐에 따라 행복한 결과를 얻을 수도 있으나 전연 다른 불행한 결과를 낳을 수도 있다.

명예욕이나 권력욕, 식욕이나 성욕 같은 것 또한 전혀 다르지 않다. 그런 욕망의 자체만으로는 아직까지 선도 악도 아니라고 말할 수 있다. 따라서 올바르게 활용했을 땐 생활의 기쁨과 번영을 가져다주겠지만, 그렇지 않을 경우에는 소화불량을 일으켜 그만 인생을 망치고 마는 경우도 흔히 볼 수 있게 된다.

그렇다면 욕망 그 자체를 없앨 수는 없는 것일까. 자칫 화마의 모습으로 돌변할 수도 있는 그러한 욕망으로부터 영원히 벗어나는 길은 없단 말인가.

이러한 노력은 아무래도 헛된 수고로 그치고 말 것 같다. 우리의 삶이 곧 욕망과 뗄려야 뗄 수 없는 동반 관계이기 때문에 욕망 그 자체를 없애려는 노력 또한 결코 쉽지 않아 보인다. 어차피 삶의 동반자로써 그림자처럼 안고 갈 수밖에는 딴은 또 없는 일 같다.

그런 만큼 헛된 노력을 기울이기보다는 그러한 욕망을 슬기롭게 활용하는 것이 보다 더 중요할 것 같다. 불행한 결과를 가져오게 되는 과도한 욕망에 빠져들지 않기 위한 우리들의 가치성 확립이 무엇보다 절실할 것만 같다.

그리하여 설사 욕망이 불같이 일더라도 그것에 결코 사로잡히고 말아서는 안 된다. 자신의 욕망을 스스로 제어하고 조율할 수 있는 가치의 힘을 잃지 않아야만 하는 것이다.

그럼 이제 마지막 문제만이 남게 된다. 병든 노모의 치료를 생각해서라도 '선의의 후원'을 받아야 마땅하느냐는 문제다.

물론 이것은 좀 다른 성격의 문제이긴 하다. 단순히 업체로부터 받는 후원이 아닌, 병든 노모의 치료를 전제로 한 '선의의' 후원이라는 점에서도 그렇다.

그렇더라도 함정이 전연 없는 건 아니다. 예의 그 '선의의 후원'이라는 게 과연 어디까지 진정성이 있느냐는 것이다.

아니 그러한 문제를 떠나서 '선의의 후원'이 결국 마음의 빚으로 남는 것이라면 문제는 한결 복잡해지고 만다. 결국 '선의의 후원'이라는 것 역시 또 다른 형태의 유혹과 결코 다르지 않다는 뜻이다.

이 점은 병든 노모의 생각과도 분명 다르지 않을 거라고 믿는다. 자신이 살아보겠다고 아들을 곤경에 빠트릴 노모는 이 세상에 또 없기 때문이다.

그래도 믿기지 않는다고? 그러면 병든 노모에게 직접 물어보라. 곧 분명한 답을 듣게 될 것이다.

鼴 鼠 之 婚

두더지 **언**　　쥐 **서**　　갈 **지**　　혼인할 **혼**

- -

분수에 넘치는 욕심은 반드시 악마가 되어 돌아온다.
욕망이 불같이 일더라도 그것에 결코 사로잡히고 말아서는 안 된다. 자신의 욕망을 스스로 제어하고 조율할 수 있는 가치의 힘을 잃지 않아야만 하는 것이다.

끝내 배신당하고 말았을 때

배신은 매우 갑작스런 모습으로 내 앞에 나타났다. 전혀 예기치 못한 순간에 마치 전광석화電光石火(부싯돌의 불처럼 빠르게)와도 같이 재빠르게 나타나선 나를 단결에 압도하고 말았다. 나를 압도하는데 그치지 아니하고 이내 가슴 속을 마구 헤집어 놓았다.

그리하여 나는 지금 못내 아프기만 하다. 아니 배신당한 아픔만큼 가슴 에이는 상처도 또 있을까 싶다. 배신당한 상처만큼 깊은 것도 어디 또 있을까 싶은 것이다.

더구나 굳게 믿었던 사람이기에 배신의 충격은 뜻밖일 수밖에 없다. 미처 어떻게 해볼 도리도 없이 마치 손바닥 뒤집듯이 배신을 당하고 만 충격이어서 또한 견디기 어렵다.

나는 이같이 배신을 당했다. 철석같이 믿었던 사람으로부터 끝내 배신을 당하고 말았다.

그러면서 나는 지금 삶에 대한 의욕마저 완전히 잃어버렸다. 길을 걸어도 길을 걷는 것이 아니라 마치 허공을 밟는 것 같으며, 살아 있어도 결코 살아있는 것 같지가 않은 것이다.

정말이지 어느 한순간 내가 이처럼 깊은 좌절감에 빠지게 되리라고는 미처 몰랐었다. 배신의 아픔이 영혼마저 온통 뒤흔들어 놓을 줄은 예전엔 몰랐던 것이다.

뿐만 아니다. 막상 이 지경에 이르면서 배신의 아픔이 그 얼마나 치명적인가를 새삼 뼈저리게 느끼고 있다. 어리석게도 배신을 당하고 만 뒤에라야 때늦은 후회를 하고 있는 것이다.

배신은 꼭이 어리석은 자라서 당하는 것만은 아니다. 어리석지 않다하더라도 상대편이 마음만 먹으면 얼마든지 가능한 것이 곧 배신이다. 상대편이 마음을 바꾸는 순간 벌써 배신은 감쪽같이 그 모습으로 돌변할 수 있기 때문이다.

따라서 배신은 상대적이다. 내가 아닌 상대에 의해 주도된다.

상대에 의해 저지러지는 변심인 것이다.

예수의 배신 또한 예외가 아니었다. 그는 자신의 제자에게서 배신을 당한다. 자신의 열두 제자 가운데 한 사람인 가룟 유다에 의해 저지러지고 만다. 가룟 유다가 은 30냥을 받고서 스승인 예수를 팔아 제사장에게 넘겨준다는 애기가 성서에 전하고 있다.

불가에서도 역시 같은 애기를 만나볼 수 있게 된다. 부처가 생존해 있을 당시 그의 제자 가운데서 역시 배반하는 자가 나온다. 제바달다라는 제자가 부처의 명성을 시기한 나머지 스승을 죽이려고 몇 번씩이나 음모를 꾸민다는 애기가 경전에 기록되어 있다.

문제는 이 같은 배신으로 말미암아 결국 상처를 받게 되고, 심한 좌절에 이르게 된다는데 있다. 앞의 예에서도 볼 수 있는 것처럼 영혼마저 온통 뒤흔들어 놓음으로써 살아 있어도 살아 있는 것 같지 않은 엄청난 충격에 휩싸인다는데 그 심각성이 있다.

더욱이 배신은 상대가 변심하는 상대적인 것인데도 대부분 자책으로 돌리려 하기 일쑤다. 나의 무언가 때문에 상대가 마음을 바꾸고 말았다고 하는, 애써 자기 안에서 그 원인을 찾으려 들기 마련이다. 다시 말해 배신으로 상처받은 자신의 모습을 쉬 버릴 수 없기 때문에 고통이 뒤따르는 것이다.

「삼십육계」에 '금선탈각金蟬脫殼'이란 고사가 전한다. 금빛 매미는 자신의 껍질을 벗을 때 비로소 탄생케 된다는 뜻이다. 자신의 지난 모습을 버림으로서 새로운 모습으로 변화할 수 있게 된다는 얘기다. 지난 것에 집착한 나머지 새로운 상황에 적응하지 못한다면 결국 힘들어질 수밖에 없기 때문에 스스로 포기하고 버릴 줄 알아야 한다는 얘기가 다름 아니다.

유사한 이야기로 환골탈태換骨奪胎란 고사가 있다.

독수리의 수명은 흔히 40년 정도인 것으로 알려져 있다. 백수의 제왕이라는 호랑이의 수명이 15년 정도인 것을 감안하면 꽤나 오랫동안 사는 셈이다.

한데 독수리는 이런 자신의 수명보다도 훨씬 더 장수할 수 있다. 환골탈태를 통하여 무려 70년까지도 살 수 있다는 것이다.

그러나 말이 쉬워 환골탈태이지 그 과정이란 실로 죽음에 이를 정도의 고통이 따른다. 가히 상상 이상의 의지와 실천의 용기가 없이는 결코 이룰 수 없는 것이라고 한다. 환골 곧 '뼈를 갈아 끼우고', 탈태 곧 '자신의 태를 벗긴다'는 의미라니 그럴 만도 하잖겠는가.

독수리는 자신의 수명이 다하는 40여 년이 가까워지게 되면 발톱이 닳아서 더는 사냥감을 낚아 채지 못하고, 부리 또한 뭉텅하게 구부러져 더는 사용치 못하게 된다. 그쯤 되면 독수리는 스스로 선택을 해야 한다. 그냥 그대로 죽음을 맞이하고 말 것인지, 아니면 죽음에 이를 정도의 고통이 뒤따르는 환골탈태를 통하여 수명을 연장할 것인지를.

환골탈태를 위해서는 먼저 천적의 눈에 잘 띄지 않는 매우 높다란 절벽 위에 안전하게 둥지를 틀어야 한다. 그런 다음 뭉텅하게 구부러져 더는 못 쓰게 된 부리를 바위에 무수히 쪼아댄다. 못 쓰게 된 부리가 기어이 뽑혀 나올 때까지 무수히 쪼아대면서 흘린 피로 바위를 흥건히 물들인다고 하니, 그 고통이 어떠할 지는 짐작할 만하다.

그런 뒤 서너 달이 지나가면 새로운 부리가 돋아나기 시작하는데, 그때쯤이면 자신의 발톱을 뽑아낼 차례다. 40여 년 동안이나 사냥을 해오면서 닳고 닳아 더는 사냥감을 낚아 채지 못하게 된 자신의 발톱을 새로 돋아나온 날카로운 부리로 쪼아서 다시금 피범벅이 된 채로 기어이 뽑아내는 것이다. 그러면 발톱 역시 새로이 돋아나게 된다.

이처럼 못쓰게 된 자신의 부리와 발톱을 고통 속에 스스로 뽑아낸 뒤 다시 돋아날 때까지는 모두 반년 가량이나 소요되는데, 이러한 과정을 독수리의 환골탈태라고 일컫는다. 그런 환골탈태를 통하여 독수리는 다시금 30여 년 정도를 더 살 수 있게 되는 것이다.

자신을 스스로 포기하고 버릴 때, 더구나 그것이 죽음에 이르는 고통이 따르는 것이라 하더라도 지난 모습에서 용기 있게 환골탈태할 수 있을 때, 그때 비로소 새로운 생명을 얻을 수 있게 된다.

그러니 이제는 버려라. 배신도, 배신의 상처도, 자신의 자괴까지도 이 순간 그만 말끔히 버려라.

그리고 다시는 뒤돌아보지말고 오직 새로운 내일을 열어나가라. 새로운 희망을 다시금 키워나가라.

金 蟬 脫 殼

금빛 **금**　　매미 **선**　　벗을 **탈**　　껍질 **각**

금빛 매미는 비로소 허물을 벗을 때 탄생케 된다.

자신의 지난 모습을 버림으로서 새로운 모습으로 변화할 수 있게 된다는 얘기다. 지난 것에 집착한 나머지 새로운 상황에 적응하지 못한다면 결국 힘들어질 수밖에 없기 때문에 스스로 포기하고 버릴 줄도 알아야 한다는 얘기다.

換 骨 奪 胎

바꿀 **환**　　뼈 **골**　　빼앗을 **탈**　　아이 밸 **태**

환골 곧 '뼈를 갈아 끼우고',

탈태 곧 '자신의 태를 벗긴다'는 의미다.

말이 쉬워 환골탈태이지 그 과정이란 실로 죽음에 이를 정도의 고통이 따른다. 가히 상상 이상의 의지와 실천의 용기가 없이는 결코 이룰 수 없는 것이다.

불면으로 밤잠을
이루지 못할 때

잠들지 못하는 밤은 길다. 잠들지 못하는 밤은 유난히 멀기만 하다. 지치게 되면 같은 길도 길고 멀어 보이는 것과 같은 이치다.

나는 이같이 매일 밤 잠들지 못하고 있다. 잠들지 못해 고생을 하고 있다. 잠을 청하려고 애를 쓰면 쓸수록 눈은 말똥말똥해지고, 한번 달아난 잠은 끝내 돌아올 줄을 모른다. 한밤을 온통 지새우도록 도무지 잠을 이루지 못하고 있다.

이런 날 밤이면 나는 속절없이 고독에 떨어야 한다. 나는 혼자서 아주 캄캄하고 어두운 지옥의 밑바닥으로 떨어지곤 하는 것이다. 아무도 구해주는 이 없는 지옥의 밑바닥에서 진땀을 흘려가며 신음하는 것이다.

그렇게 한밤을 온통 하얗게 지새워야만 한다. 그저 아침이 되기만을 하염없이 기다려야만 하는 것이다.

물론 어쩌다 슬그머니 잠이 들 때도 없지만은 않다. 그럴 때면 너무도 기뻐 시나브로 찾아든 잠을 반긴다.

하지만 그도 또한 부질없는 일이다. 겨우 잠을 이루었는가 싶으면 어느새 동이 훤히 밝아오기 시작하고, 또 부산하기만한 아침 준비를 하지 않으면 안 된다.

그리하여 잠들지 못한 아침은 늘 상쾌하지 못하다. 찌뿌드드하게 여는 하루는 또 고단할 수밖에 없다.

그래도 시간이 되면 집을 나서야 한다. 집 바깥의 세상으로 나가 또다시 하루를 견뎌내야만 하는 것이다.

잠을 잘 자야 행복하다. 잠을 잘 자야 집 바깥의 세상에 나가서도 행복을 나눌 수 있다.

잠을 잘 자지 못하면 불행하다. 잠을 잘 자지 못하면 집 바깥의 세상에 나가서도 불행을 나누게 된다.

나도 한때 그랬었다. 나도 한때는 불면으로 밤에 잠을 이루지 못해 오랫동안 고생한 적이 있다. 밤에 잠을 자려고 애를 쓰면 쓸수록 불면으로 눈을 붙이지 못한 채 그대로 아침을 맞이하는 날이 그 얼마인지 모른다.

그리고 그와 같이 불면으로 밤잠을 이루지 못하게 되면서 낮과 밤이 서로 뒤바뀌는 고통 속에 놓인 적이 있었다. 밤에는 잠을 자지 못해서 뜬눈으로 지새우고, 낮에는 간밤에 잠을 자지 못해서 또한 정신을 집중하지 못하곤 했다.

가장 힘든 건 일을 할 수 없다는 점이었다. 겉보기에는 말짱해 보여도 정신을 집중할 수 없어 도무지 책상 앞에 앉아 있지 못했다. 다른 건 몰라도 원고 작업은 영 불가능하기만 했다.

보다 못한 누군가가 양파 애기를 내게 들려주었다. 양파의 껍질을 벗겨 머리맡에 두고 자면 수면을 취할 수 있을 것이라고 했다.

밤에 잠자리에 들기 전에 그가 일러준 대로 양파의 껍질을 벗겨 머리맡에 놓아두었다. 그런 뒤 잠자리에 들었다.

효과가 있었냐고?

예의 그날 밤에도 나는 온통 뜬눈으로 밤을 새워야 했다. 머리

밑에 양파를 너무 멀리 두었나 싶어 베개에 바짝 붙여도 보았으나 끝내 잠들지 못하고 말았다.

다음 날밤에는 좀 더 강수를 두기로 했다. 혹시 양파를 한 개만 놓아두어서 그런가 싶어 그날 저녁에는 양파를 두 개 더 놓아두기로 한 것이다.

하지만 그날 밤에도 나는 뜬눈으로 아침을 맞아야 했다. 양파 세 개를 베개 가까이 두고서 잠자리에 들었으나 아무런 소용이 없었다. 혹 어쩌다 잠을 청하지 못한 사람에게는 어떤 효과가 있을지 몰라도 벌써 여러 날째 불면으로 잠들지 못하고 있는 내게는 그저 양파일 뿐이었다.

한데 어떻게 불면에서 헤어날 수가 있었느냐고?

이제 그 애기를 하려고 한다. 그토록 고생하던 불면에서 빠져나올 수 있었던 경험을 들려주려고 한다.

밤에 잠을 이루지 못하는 것 역시 반드시 그만한 이유가 있기 마련이다. 밤에 쉬 잠들지 못하게 하는 무언가가 있더라는 애기다.

물론 처음에는 미처 깨닫지 못했었다. 왜 이리 몹쓸 불면이 찾아들어 나를 힘들게 하는지 모르겠다며 불면 탓만 했었다.

한데 점차 생각을 달리하게 되었다. 밤에 잠들지 못한 이유가 정작 따로 있다고 믿게 된 것이다. 불면 탓이 아니라 바로 내 자신 때문이라는 걸 뒤늦게야 비로소 깨닫기에 이른 것이다.

하기는 그 무렵 나는 바짝 긴장해 있는 상태였다. 너무 경직되어 있었다는 표현이 더 정확할는지 모르겠다.

암튼 잘 다니고 있던 직장에 사표를 던지고 나와 이제부터는 원고만을 쓰겠노라 단단히 벼른 터였다. 당연히 원고 작업에 잔뜩 힘이 들어가 있었던 것이다.

그러나 원고 작업이라는 게 어떤 결심이나 의지만으로 되는 건 결코 아니었다. 하루 스물네 시간 모두 다 내가 맘껏 쓸 수 있는 자유를 얻었으나, 잔뜩 힘이 들어가 있는 원고 작업은 더디기만 했다. 밤을 새워 쓰고 또 써내도 완성되어 나오는 원고는 보잘것이 없었다. 더욱이 가족의 생계까지 책임져야 하는 이중고에 쫓기면서 그야말로 하루하루가 심각하지 않을 수 없었다.

어리석게도 그건 전연 예상치 못한 질곡이었다. 나로선 갑작스런 포위였다. 나의 속셈과 세상의 속셈 사이에 또 다른 불행한 계산이 숨어 있으리라고는 처음엔 막상 깨닫지 못했던 것이다.

불면으로 고생하는 이를 보면 처음에는 대개 그러한 이유를 쉽게 찾지 못한다. 그저 불면증으로 인해 밤에 쉬 잠들지 못하는 것이라 여기기 일쑤다.

그러나 조금만 주의를 기울여보면 반드시 그 뿌리를 찾을 수 있게 된다. 밤에 쉬 잠들지 못하는 이유가 다름 아닌 자신으로부터 비롯된 것임을 알 수 있다. 저마다 그 사정이야 다를 수 있겠지만 불면이 곧 '마음의 혼란' 으로부터 시작되어 자신을 경직시키고 마는데서 오는 것임을 비로소 깨달을 수 있게 될 것이다.

한나라 역사서인 「한서漢書」에 '문전성시門前成市' 라는 고사가 전한다. 대문 앞에 시장을 이루었다는 뜻이다. 집을 찾아오는 방문객이 그만큼 많다는 것을 일컫는 얘기다.

한나라 때 정숭鄭崇이라는 충신이 있었다. 권력에 영합하거나 여기저기 기회를 살피는 일 없이 자기 소신껏 간하여 어지러운 국정을 바로잡았다. 젊은 황제는 그런 정숭에게 모든 국정을 맡기다시피 했다. 하지만 정숭은 지나치게 강직해서 곧잘 원망을 사는 일도 없지 않았다.

마침내 권력에 아부하고 곧은 사람을 모함하는 것으로 신임을 얻은 역신 조창趙昌이 젊은 황제에게 넌지시 아뢰었다. 정승이 황제의 종친들과 자주 왕래하고 있는 것으로 미뤄볼 때 무언가 역모를 꾸미고 있는 것은 아닌지 의심스럽다는.

젊은 황제가 불쾌히 여겨 정승을 불렀다,

"그대의 집 앞은 마치 시장과 같다던데. 정말 그러한가?"

무슨 불순한 음모를 꾸미고 있는 게 아니냐는 뜻으로 물은 것이었다.

그러자 정승이 대답했다.

"신의 집 앞이 비록 시장과 같아보일지 모르나, 신의 마음은 물과 같사옵니다."

정승은 자신이 물과 같이 담담한 심정임을 아뢰었던 것이다.

젊은 황제는 화를 내어 정승을 가두었다. 충신 손보孫寶가 역신 조창의 무고함을 탄핵하고 정승을 변호해보았으나, 그 역시 젊은 황제의 노여움을 사 평민으로 폐서 되고 말았다.

정승은 결국 풀려나지 못한 채 끝내 옥에서 숨을 거두었다. 비록 그는 충신이었으나 지나치게 강경하여 그만 일찍 목숨을 잃게 되고야 만 것이었다.

무엇이든 지나치게 강경하면 부러지기 십상이다. 유연한 고무 호스라도 한겨울에 얼어붙게 되면 경직되어 잘려나가는 것이 아니라 그만 뚝 부러지고는 만다.

밤에 잠들지 못하는 이유 또한 대개 이와 다르지 않다. 일도 시간도 잠을 자는 것 또한 깊이 의식하고 있는 동안에는 마음의 평정이 깨어지기 마련이다. '마음의 혼란'으로 말미암아 정녕 그 안으로 깊이 빠져들기 어렵다.

하지만 그것에서 몇 발짝 멀어지거나 초연할 수 있다면 마음의 평정을 잃지 않을 수 있다. 오히려 안과 바깥은 물론이고 전체를 볼 수 있게 된다. 마침내 보다 깊숙이 빠져들 수 있게 되는 것이다.

어떤 것에 성공하고 실패하는 건 사실 이미 결정이 난 셈이다. 그간 우리가 기울여온 노력이 얼마였는가에 따라 벌써 결정이 끝난 상태다. 오직 그 결정을 알리는 사실 확인만이 남았을 따름이다.

따라서 최선을 다 하되 너무 긴장할 것도, 너무 걱정할 것도 없다. 끝내 될 수 없는 것을 어떻게든 뒤집어보려고도 하지 마라.

그럴 바에는 차라리 또 다른 도전을 준비하는 것이 낫다. 다시금 결의를 다져 새롭게 시작하는 것이 옳다.

결국 유연성을 잊지 말라는 얘기다. 유연성을 잃게 되면 노력을 다 하기도 전에 자칫 부러지고야 말 수도 있다는 설명이다. 불면이야말로 내 몸이 나에게 보내는 그런 간절한 신호인 것이다.

門　前　成　市

문 **문**　　앞 **전**　　이룰 **성**　　시장 **시**

지나치게 강경하면 부러지기 쉬우니 유연성을 가져라.

최선을 다 하되 너무 긴장할 것도, 너무 걱정할 것도 없다. 끝내 될 수 없는 것을 어떻게든 뒤집어보려고도 하지 마라.

콤플렉스 때문에
깊은 고민에 빠져있을 때

나도 알고는 있다. 속사정이야 저마다 다소 다를 수 있을지 몰라도, 세상에 콤플렉스 없는 이는 또 없다는 것 정도는. 인간이라면 누구나 크고 작은 콤플렉스 때문에 웃고 운다는 것쯤은.

한데 나는 좀 사정이 다르다. 콤플렉스 정도가 보다 더 심한 편이다. 그저 마음 하나 강다짐하면 그까짓 것쯤 하고 넘어갈 수도 있는 그 정도의 상태가 아니다.

나의 콤플렉스 정도는 세상이 결코 눈감아줄 수 없는 지경에 이른 것이다. 누구도 그냥 지나칠 수가 없는, 세상이 도저히 용인해 줄 수 없는 지경에 이른 것이라고 볼 수 있다.

과연 무엇 때문에 그러느냐고?

나는 또래 나이에 비해 유난히 늙어 보이는 외모를 타고 났다. 이제 겨우 이십대의 젊음을 통과해가고 있는데도 사람들은 이런 나를 적게는 삼십대 후반으로, 많게는 사십대로 착각하기 일쑤다.

물론 나름대로 노력도 하지 않은 건 아니다. 지금도 아침에 외출을 서두를 때면 외모에 신경을 쓰는데 한 시간 가까이 공을 들이곤 한다.

한데 저주받은 나의 콤플렉스는 여간 고약한 것이 아니다. 그처럼 공을 들이면 콤플렉스가 좀 감춰지거나 희색되어야 하는데도 도무지 그렇지가 않다. 오히려 콤플렉스를 돋보이게 하는 정반대 역할을 하기 마련인 것이다.

더욱이 불운이란 게 언제나 그렇듯이 나의 콤플렉스 또한 어느 한 가지만이 아니어서 이제는 손댈 수 없을 정도다. 얼굴의 어느 한 부분만이 아니라 두상의 생김새에서부터 헤어스타일에 이르기까지 거의 전체적이라고 보면 틀림이 없다. 제아무리 감출래야 감출 수가 없게 된 것이다.

그냥 흘려들으면 된다고? 그냥 옆집 개가 짖어대는 것쯤이라고 여기면 되잖느냐고?

틀린 말은 아니다. 또 그런 소리를 벌써 오래 전부터 귀에 못이 박히도록 들어도 왔다.

그러나 세상의 눈총이라는 게 그렇듯 관용을 베풀어줄 만큼 관대하지가 않다. 세상의 눈총이 그 얼마나 예리하고 집요하며 비정한 것인지는 직접 겪어보지 않고선 결코 알지 못한다.

더구나 그런 세상의 눈총은 또 얼마만큼이나 두터운 장벽으로 나를 가두고야 마는지 모른다. 실내에서나 실외에서, 혹은 아는 이나 모르는 이 가릴 것 없이 절망의 장벽으로 나의 젊음을 옥조이는지 어느 누구도 알지 못한다.

한데도 나는 그런 슬픔의 고통을 속절없이 내 안으로 삼키지 않으면 안 되었다. 오직 나만의 몫으로 언제나 남겨둘 수밖에는 없었다. 뼈에 사무치도록 혼자서 껴안지 않으면 안 되었던 것이다.

이것이 나의 콤플렉스에 대한 전말이다. 나의 젊음을 한사코 짓밟고 있는 악몽이다.

젊은 날 나는 한때 예의 아름다운 꽃밭에서 살았다. 아침에 출근하면 편집장 얼굴을 보는 둥 마는 둥 곧장 방송국으로 향했다. 방송국 탤런트들을 진드기처럼 달라붙어 종일토록 따라다녀야 했다. 기사거리를 찾아내기 위해선 어쩔 수 없는 일이었다.

그렇게 몇 해가 지나가자 기자와 탤런트라는 서먹한 관계를 떠나 인간적으로 서로 가깝게 지내게 된 친구들 또한 없지 않았다. 별의별 속 깊은 얘기도 스스럼없이 나눌 수 있는 사이가 된 것이다.

그러면서 한 가지 뜻밖의 사실을 접하게 되었다. 미모라면 누구에게도 뒤지지 않는다는 그들조차 자신의 외모에 대한 콤플렉스를 으레 한두 가지쯤은 가지고 있다는 걸 알게 된 것이다.

어떤 탤런트는 모두다 자신이 있다고 말은 하면서도 카메라만 들이대면 자신의 얼굴 왼쪽에서 앵글을 잡아줄 것을 한사코 고집하는가 하면, 또 어떤 톱 탤런트는 그림 같은 외모를 한껏 뽐내면서도 손톱이 뭉텅하게 생겨 항상주먹을 쥐어서 감추고는 하는 식이었다.

하지만 그 정도로는 아무 것도 아니었다. 도대체 저런 외모를 가지고 어떻게 배우가 되겠다는 생각을 했는지 이해할 수 없는 탤런트도 여럿이었다. 그때 건방진 소리로 기자 때려치우고 내가 탤런트해도 저 친구보다는 낫겠다고 했던 이가 하나둘이 아니었었다.

무엇보다 한 시대를 대표하는 미모를 자랑하면서도, 그들 역시 자신의 외모에 대한 콤플렉스를 가지고 있다는 점이 퍽이나 흥미로웠다. 세상에 완전한 것이란 없다는 사실을 그때 비로소 깨닫게 된 것이다.

그러나 그보다 더 중요한 것은 그들이 하나같이 자신의 그러한 콤플렉스를 이미 극복하고 난 뒤라는 점이었다. 자신의 약점에만 사로잡혀 주저앉아 있기보다는 자신이 가진 또 다른 강점에 주목할 줄 알았다는 것이다.

그리고 그러한 또 다른 강점을 그들은 누구보다 아름답고 소중히 가꿀 줄 알았다. 아름답고 소중히 가꾸어 만인으로부터 사랑받는 탤런트가 될 수 있었던 것이다.

중국의 유교 경전인 「주역周易」에 '독립불구獨立不懼'라는 고사가 전한다. 홀로 서니 두려움이 없다는 뜻이다. 역경을 딛고 홀로 우뚝 서니 두려울 것이 없다는 얘기다.

　우리에겐 영혼을 꿰뚫어보는 맑은 눈동자만이 있는 것이 아니다. 그렇지 못한 부위 또한 결코 없다고 말하지는 못한다. 빛이 있는 곳이라면 어딘가는 반드시 어두운 곳이 있는 것과 같은 이치다.

　더구나 그 어디에도 완전한 사람이란 존재하지 않는다. 완전하다고 알려져 있는 사람일수록 실은 자신의 불안전 때문에 남몰래 고민하고 있는 경우가 더 많다. 완전하다고 알려져 있는 것을 지키기 위해 보다 고민이 커질 수밖에 없는 것이다.

　콤플렉스는 단지 콤플렉스일 따름이다. 그것을 자꾸만 들춰내어 일부러 자해할 필요까지는 없다. 이제 더는 어쩔 도리가 없는 것을 가지고 몸부림쳐봐야 아무 부질없는 일이다.

　다시 말하지만 세상에 완전한 사람이란 또 없다. 우리는 모두가 다 불안전하며, 그 불안전 때문에 남몰래 고민하는 경우가 많다. 다만 애써 그런 불안전함에 사로잡히지 않고 있을 따름인 것이다.

　그런 만큼 우리는 우리가 가진 또 다른 강점을 찾아내고 주목해야 한다.

자신의 약점에만 사로잡혀 주저앉지 아니하고 자신이 가진 또 다른 강점을 아름답고 소중히 가꾸어 홀로 우뚝 설 때만이 비로소 두렵지 않게 된다.

사람은 하루에 5만 번 마음이 바뀐다고 한다. 부디 너의 마음이 약점만을 돌아보지 아니하고 너의 강점에만 한사코 머물길 바란다. 그렇게 하루 5만 번 마음이 바뀌길 기대한다.

獨　立　不　懼

홀로 **독**　　설 **립**　　아니 **불**　　두려워할 **구**

홀로 우뚝 서니 두려울 것이 없어라.

역경을 딛고 홀로 우뚝 서니 두려울 것이 없다는 얘기다.
우리는 우리가 가진 또 다른 강점을 찾아내고 주목해야 한다. 자신의 약점에만 사로잡혀 주저앉지 아니하고 자신이 가진 또 다른 강점을 아름답고 소중히 가꾸어 홀로 우뚝 설 때만이 비로소 두렵지 않게 된다.

자신의 삼류 인생이
원망스럽기만 할 때

이른바 나는 삼류다. 몸에 걸친 옷도, 끼니때가 되면 먹는 음식도, 만나야 하는 사람도, 그들과 만나 나누는 대화도, 그들과 마주앉아 마시는 술자리도, 늘 텅텅 비어있기 마련인 주머니의 속사정도, 심지어는 내가 꿈꾸는 미래에 이르기까지 모두가 다 그 모양이다.

더구나 이 삼류는 내 몸에서 결코 떠날 것 같지가 않다. 철석같이 붙어 한 발짝도 물러날 태세가 아니다. 내가 기어이 거꾸러트려지고야 말 때까지 유령처럼 따라다닐 작정인 것 같다.

때문에 내겐 희망이라곤 보이지 않는다. 먹고 자고 힘겨운 순간을 견디어내는 게 오로지 또 다른 내일을 위해서라지만, 내겐 그러한 내일을 바라볼 수 있는 기약이란 없다. 내겐 그러한 희망을 꿈꾸어볼 수 있는 내일이란 존재하지 않는다. 그저 오늘과 같은 삼류 따라지만이 반복될 따름이다.

혹자는 이런 내게 노력의 부족을 말하곤 한다. 노력의 부족이 오늘의 삼류 따라지를 만들었다며 기꺼이 받아들일 것을 청한다.

기꺼이 받아들이되 오늘이 아닌 내일을 살아가라고 권한다. 꿈꾸는 내일이 아닌 그냥 내일을 살아가라고 덧붙인다. 어차피 삼류 따라지 인생일 바에야 허허 웃어가면서 맘이라도 편하게 살아야 하지 않겠느냐고 이른다.

한데, 한데 말이다. 그 맘이라도 편하게 산다는 게 얼마나 힘이 드는지 모른다.

무엇보다 나를 가만 내버려두지를 않는다. 나는 끝내 가만있었는데도 무시로 내게 다가와서는 흙 묻은 발끝으로 먼저 나를 톡톡 건드리는 데야 부아가 치밀어 오르지 않을 수 없다. 그래서 무어라고 한마디라도 지껄였다간 대뜸 그 삼류 따라지를 비수처럼 꺼내들어 나를 또 아프게 쓰러뜨리고는 만다. 넌 뭐라 해도 어차피 삼류야, 하는 소리가 따갑게 날아와 귀에 꽂힌다.

나는 이런 내가 정말이지 죽도록 싫다. 삼류 따라지 인생이 그 저 원망스럽기만 하다.

내 책상 옆 책꽂이의 맨 상단에는 60여 권의 책이 가지런히 꽂 혀있다. 모두 내가 지은 책들이다. 1990년대 중반 문단에 나왔으 니, 한 해에 평균 3권 정도의 책을 쉬지 아니하고 써온 셈이다.

한데 이 책들을 가리켜 우리 집 식구들이 곧잘 하는 말이 있 다. '60전 60패'를 기록하고 있는 나의 처참한 전쟁터라는 얘 기다.

하기는 틀린 얘기도 아니다. 그 오랜 세월에 걸쳐 그 수많은 책들을 써왔건만 어느 것 하나 낙양의 지가를 올리는 베스트셀러 가 되었다거나, 언론을 화려하게 점령하면서 세간의 입에 오르내 린 것이 없으니 그럴 만도 한 것이다.

내겐 일찍이 지금의 길로 인도해주신 스승이 있다. 해마다 서 울에서 버버리 코트를 가장 빨리 입기 시작하는 분이다. 아직은 여름의 끝자락인 10월 첫날이 되면 어김없이 노오란 버버리 코트 를 꺼내어 입기 시작해서, 다음해 4월의 어느 늦은 봄날까지 하루

도 몸에 걸치지 않는 날이 없는, 세상을 그저 평범하게만 살아가
지는 않는 분이다.

그런 스승이 언제인가 내게 들려준 얘기가 있다. 스승은 평생
성공하지 않으리라 스스로 경계하며 글을 써왔노라고 했다. 문학
으로 명성을 얻고자 노심초사하고 있던 젊은 내게 스승의 그 한
마디는 참으로 충격적이었다.

스승은 덧붙였다. 인생의 행복이란 무엇을 얼마나 얻었느냐에
달려있는 게 아니다. 부자가 되어봤자, 그것은 많은 돈을 지키고
있는 역할에 불과하다. 명예를 얻어봤자, 그것은 고양이 목에 걸
린 방울과 같은 것일 따름이다.

다시 말해 돈이나 명예는 결코 인생의 최고 가치가 될 수 없다
는 얘기다. 인생의 최고 가치는 남을 위해 보탬이 될 수 있는 사
람이다. 남을 위해 보탬이 될 수 있는 것에 자신을 바친 사람이라
고 했다.

그러면서 스승은 오래 전부터 불가에서 전해 내려오는 얘기를
들려주었다.

옛날에 아내를 여럿이 둔 사내가 있었다. 한데 그만 몹쓸 병이

들어 세상을 하직하게 되자, 자신의 아내 가운데 누군가를 함께 데려가고 싶어 했다.

그리하여 평소 가장 사랑했던 첫째 부인을 불러 자신의 뜻을 밝혔다. 하지만 첫째 부인은 싫다며 냉정하게 거절하고 말았다.

그러자 둘째 부인을 불러 같은 뜻을 밝혔다. 둘째 부인 또한 싫다고 돌아섰다.

셋째 부인 역시 다르지 않았다. 죽은 남편의 무덤을 때맞추어 찾는 것은 모르겠지만, 저승에 함께 가기는 싫다고 잘라 말했다.

하는 수 없이 사내는 넷째 아내를 불렀다. 평소 하녀처럼 대하던 아내였다.

한데 그런 넷째 아내의 대답은 뜻밖이었다. 남편을 기꺼이 따라가겠다고 했다. 설령 지옥으로 간다 하더라도 따라가서 끝까지 남편 곁에 있겠다는 것이었다.

이 이야기 속에서 첫째 부인은 곧 우리의 몸을 비유한다. 우리가 가장 아끼고 있는 것인데도 저 세상까지 함께 데려갈 수 없음을 뜻한다.

둘째 부인은 곧 돈, 명예, 권력과 같은 것을 일컫는다. 남을 짓

194

밟으면서까지 어렵게 획득한 것들이지만 이것 또한 저 세상까지 함께 따라가 주지는 않는다.

셋째 아내란 곧 실제의 아내를 가리키는 것이다. 그러나 제아무리 사랑하는 아내라 할지라도 저 세상까지 동반자가 되어주지는 못한다.

넷째 아내란 다름 아닌 우리가 밤낮으로 쌓고 있는 업이다. 이 선업善業과 악업惡業이야말로 저 세상까지 우리의 그림자처럼 그 여력을 미쳐 따라가게 된다는 얘기다.

마지막으로 스승은 노벨문학상 수상을 거절한 적이 있는 「닥터 지바고」의 작가 보리스 파스테르나크의 얘기로 마무리 지었다. 창작의 진정한 목적은 헌신하려는데 있는 것이지 명성을 얻거나 성공하려는데 있는 것이 아니며, 쓸데없이 사람들의 입에 자신의 이름이 오르내리게 되는 것이야말로 심히 부끄러운 일이라고 말했다는 것이다.

중국 한漢나라 때 학자 회남자淮南子가 쓴 「인간훈人間訓」에 '새옹지마塞翁之馬' 란 고사가 전한다. 국경에 살던 노인의 말이란 뜻이다. 인간의 길흉화복은 참으로 예측하기 어렵다는 얘기다.

만리장성 너머 국경 가까이에 한 점쟁이 늙은이가 살고 있었다. 한데 어느 날 기르던 말이 국경을 넘어 멀리 달아났다. 이웃 사람들이 그 사실을 알고 위로하자 늙은이는 아무렇지도 않은 듯이 입을 열었다.

"말을 잃어 손해라니. 오히려 이익이 될지 어느 누가 알겠는가?"

몇 달이 지나 달아난 말이 국경 너머에서 준마를 데리고 돌아왔다. 이웃 사람들이 축하하자 늙은이는 그저 담담한 표정을 지었다.

"달아난 말이 준마까지 데리고 돌아왔으니 이익을 본 것이 아니냐고? 이게오히려 화가 될지 어느 누가 알겠는가?"

그런 일이 있은 지 얼마 되지 않아 늙은이의 아들이 말을 타다 낙마하여 그만 불구가 되었다. 이웃 사람들이 달려와 위로하자 늙은이는 슬퍼하는 표정도 없이 입을 열었다.

"이 불행이 오히려 복이 될지 어느 누가 알겠는가?"

한 해가 지났을 때 적군이 국경을 넘어 침략해 왔다. 국경 가까이에 살고 있던 장정들이 모두 징집되어 싸우다가 대부분 전사

하고 말았다.

하지만 늙은이의 아들은 살아남았다. 한 해 전에 낙마를 하면서 불구가 되는 바람에 징집에서 제외되어 부자는 참혹한 전쟁에서 목숨을 지킬 수 있었던 것이다.

인간의 길흉화복이란 이토록 예측하기가 어렵다. 화를 당해 낙심하고 있었건만 오히려 그것이 복이 되어 돌아올 수도 있는가 하면, 복을 받았다며 기뻐하고 있었는데 오히려 그것이 화를 불러올 수도 있다는 게 곧 우리들의 인생살이다.

따라서 양지에 서 있다고 해서 기뻐할 것도, 반면에 음지에 처해 있다고 해서 원망할 것도 없다. 꼭이 양지만이 전부가 될 수 없는 것처럼, 음지 또한 절대적인 것이 아니라는 얘기다.

그리스 철학자 에피쿠로스는 이런 얘기를 남기고 있다. 돈이나 명예를 사랑하는 자는 사람을 사랑하지 못한다.

다시 말해 사람으로부터 사랑을 받을 수 없다는 얘기가 된다. 사람으로부터 사랑을 받지 못한다면 그것만큼 불행한 것도 또 없다는 걸 일컫고 있다.

마찬가지로 우리가 모두 공리심만을 생각하고서 사물을 본다

면 세상에서 존귀한 것이란 없어지고 말 것이다. 존귀한 것이 사
라지고 만다면 그것만큼 허무한 인생도 딴은 또 없을 터이다.

그런 만큼 세상이 존귀하다고 가리키는 것을 무작정 쫓는 것
은 어리석을 수 있다. 그보다는 나에게 존귀한 것이 과연 무엇인
가를 발견하는 것이 가장 우선되어야 하지 않겠는가.

塞 翁 之 馬

변방 **새**　늙은이 **옹**　갈 **지**　말 **마**

화가 복이 되고
복이 다시금 화가 될 수도 있는 것이 곧 인생이다.

인간의 길흉화복은 참으로 예측하기 어렵다는 얘기다. 따라서 양지에 서
있다고 해서 기뻐할 것도, 반면에 음지에 처해 있다고 해서 원망할 것도
없다. 꼭이 양지만이 전부가 될 수 없는 것처럼, 음지 또한 절대적인 것이
아니라는 얘기다.

내 인생의 멘토를
아직 만나지 못하였을 때

살아가다보면 인생은 마치 산을 오르내릴 때와 같다. 순탄하기만 한 내리막길을 걸을 때가 있는가 하면, 반대로 가파른 오르막길을 오를 때도 없지 않다. 요 며칠 전만 해도 그렇다.

나는 그만 아주 곤란한 어려움에 처해 난감하기만 했었다. 어떻게 빠져나오지를 못해 내심 얼마나 당황했는지 모른다.

그도 그럴 것이 아주 곤란한 어려움일수록 전연 뜻하지 않은 데서 갑자기 나타난다. 그나마 사전에 어떤 조짐이라도 보여주었더라면 내심 당황이라도 하지 않았으련만, 아주 곤란한 어려움일수록 으레 예기치 않은 데서 불쑥 그 모습을 드러내기 일쑤다.

더욱이 그런 어려움에 빠지게 되면 순간 자신을 잃어버리게 된다. 너무 당황한 나머지 쉽사리 퇴로를 찾지 못하기 마련이다. 정작 바둑판 앞에 앉은 사람의 눈에는 잘 보이지 않는 수가 곁에서 구경하는 사람의 눈에는 훤히 들여다보이는 것과 같은 이치라고 보면 된다.

내겐 지금 그러한 사람이 없다, 바둑을 두고 있는 나에게 곁에서 구경을 하면서 훈수를 해줄 수 있는 사람, 예컨대 내 인생의 멘토가 없다.

때문에 나는 인생의 가파른 오르막길을 오를 때마다 번번이 난감해지고 만다. 또한 그럴 때마다 자신을 잃어버린 채 크게 당황하게 되고, 따라서 좀처럼 퇴로의 수를 찾지 못해 곤경에 처하곤 한다.

물론 친구는 있다. 어려움에 처할 적마다 내 곁을 지켜주는 그런 친구는 여럿이다.

하지만 친구는 단지 친구일 뿐이다. 내가 곤경에 처했을 때 함께 힘들어 해줄 수는 있어도 퇴로의 수를 찾아주는 멘토의 지혜까지 기대하기란 어려운 일이다.

다시 말해 지금 나는 진지하게 인생을 논할 수 있는 그런 멘토를 아직 만나지 못하고 있다. 그러한 멘토가 어디에라도 있다고 한다면 나는 당장 천리 길도 마다하지 않을 작정이다. 여러 명도 아닌 단 한 사람이라도 정녕 그러한 멘토를 찾을 수만 있다면 지금 곧 그를 찾아 나설 참이다.

말할 수 있는 사람은 많다. 직접 보지 않고 문자만으로도 서로의 생각을 주고받을 수 있는 사람은 적지 않다. 인터넷문화가 주는 익명의 간편함 때문이다.

그러나 정작 만날 수 있는 사람은 많지 않다. 마음을 터놓고 아무 거리낌 없이 솔직하게 대화를 나눌 수 있는 사람은 찾기 쉽지 않다. 그런 사람은 점점 만나보기 어려워져 가고 있다.

젊은 날에는 많은 사람을 만날 수 있어야 한다. 이제 막 집을 나서 바깥 '세상'으로 향하는 젊은이들에게는 더욱이 그러하다. 바깥 '세상'의 낯선 풍경 속에서 잠시 길을 잃고 당황하게 되었을 때 길을 물을 수 있는 사람을 만나야 한다.

한데 그렇지 못하다는 얘기다. 말할 수 있는 사람은 많은 것 같은데 정작 만날 수 있는 사람은 찾기 어렵다는데 우리의 고민이 있는 것 같다.

이른바 내 인생의 멘토가 그것이다. 마음을 터놓고 아무 거리낌 없이 솔직하게 대화를 나눌 수 있는 사람, 바깥 '세상'의 낯선 풍경 속에서 잠시 길을 잃고 당황하게 되었을 때 진지하게 길을 물을 수 있는 내 인생의 멘토를 만날 수 없다는 것이다.

「장자」에 '포정해우庖丁解牛' 란 고사가 전한다. 포정은 소를 안다는 뜻이다. 늙은 백정은 굳이 소를 눈으로 보지 않고도 알 수가 있다는 얘기다.

포정庖丁은 중국 전국시대에 최고의 백정이었다. 그가 어느 날 소를 잡고 있었는데, 예리한 칼을 자유자재로 부리는 움직임이 가히 신기에 가까웠다. 때마침 그 곳을 지나가다 그러한 광경을 목격하게 된 문혜왕이 감탄하여 포정에게 소 잡는 도道를 물었다. 포정은 이렇게 대답했다.

"소인이 처음 소를 잡을 때만 하여도 그저 소의 겉모습만이 보였습니다. 그런데 한 3년 정도가 지나자 소의 겉모습은 눈에 보이지 않고, 소를 각 부위별로 볼 수 있게 되었습니다. 다시 19년이 흐른 지금 소인은 소를 눈으로 보지 않습니다. 다만 제 마음의 눈으로 소의 살과 뼈, 근육과 근육 사이의 틈새를 봅니다. 그리고 그 사이로 칼을 지나가게 할 따름입니다. 그리하여 지금은 칼질을 실수하여 살이나 뼈를 상하게 한 일이 없습니다.”

“하면 백정에겐 칼도 매우 중요하겠구나?”

문혜왕은 다시금 감탄을 금치 못하며 물었다.

“평범한 백정은 한 달마다 칼을 바꾸고, 재주 있는 백정이라도 한 해에 한차례 정도는 바꾸어야 합니다.”

“왜 그리 칼을 자주 바꾸어야 하느냐?”

“평범한 백정은 무리하게 뼈를 가르기 때문이며, 재주 있는 백정이라도 소의 살을 베기 때문입니다.”

“하면 그대는 칼을 얼마 만에 바꾸고 있느냐?”

“소인은 아직 이 칼을 바꾸어본 일이 없습니다. 소인의 칼은 지난 19년 동안 수천 마리의 소를 잡았으나 칼날이 방금 숫돌에 간 것과 같기 때문입니다.”

“어찌하였기에 그럴 수 있었단 말이냐?”

“소의 살과 뼈, 근육과 근육 사이에는 으레 틈새가 있기 마련입니다. 소인은 그 틈새로 칼날을 집어넣어 고기만을 걸어내기 때문에 칼날이 전혀 무뎌지지 않은 것입니다."

포정은 자신의 소 잡는 도를 그와 같이 아뢰었다. 소를 눈으로 보는 것이 아니라 영혼으로 꿰뚫어본 것이다. 눈앞에 보이는 것만이 아니라 보이지 않는 길까지 알고 있다는 얘기였다.

낯선 풍경을 걸을 때 이같이 눈앞에 보이지 않는 길까지 훤히 알고 있는 이와 함께 할 수 있다면 여간 든든하지 않을 수 없다. 낯선 풍경 속에서 잠시 길을 잃고 당황하게 되었을 때 진지하게 길을 물을 수 있는 그 누군가가 가까이에 있다는 건 분명 축복이 아닐 수 없다.

한데 최근 나는 지금의 길로 인도해주신 스승을 그만 잃고 말았다. 일 년 삼백육십오일 하루도 거르는 날이 없이 즐겨 드시곤 하던 약주가 끝내 스승을 앗아가고야 만 것이다.

하지만 스승의 빈자리를 한동안 전연 느끼지 못했다. 비교적 순탄하기만 했던 일상은 애써 스승을 돌아보지 않게 만들었다.

그러나 올해 들어 뜻하지 않은 시련에 처하면서 다시금 스승을 떠올리게 되었다. 몸무게가 너무 줄어들어 남의 옷처럼 되어버린 몰골로 언덕길을 터벅터벅 내려설 적마다 스승에 대한 생각이 속절없이 간절해질 수밖에는 없었다.

정말이지 나이 들어 스승을 잃는다는 건 또 다른 아픔이었다. 어쩌다 길을 잃어버리고 말았을 때 이제는 그 길을 물어야 할 스승이 더 이상 존재하지 않는다는 건 정녕 뜻밖의 슬픔이 아닐 수 없었다.

그렇다고 내 인생의 멘토가 꼭이 늙은 포정과 같이, 또는 나의 스승과 같이 반드시 나이든 사람이어야 하는 건 아니다. 절대 그래야만 되는 건 결코 아니다. 하다못해 가까운 친구도 얼마든지 내 인생의 멘토가 될 수 있다.

그렇대도 산은 올라가 보아야 얼마나 높은 줄을 알고, 계곡은 내려가 보아야 얼마나 깊은 줄을 알 수 있다. 적어도 내 인생의 멘토는 나보다는 인생을 더 많이 산 사람이 바람직하다. 인생의 폭이 크면 클수록 자신이 길을 물을 수 있는 지혜의 폭이 그만큼 더 커지는 까닭에서다.

물론 이러한 멘토를 만나기란 쉽지 않을 줄 안다. 말할 수 있는 사람은 많아도 정작 만날 수 있는 사람은 찾기 어려워진 지금, 그러한 내 인생의 멘토를 만날 수 있기란 결코 간단치 않으리라 생각한다.

하지만 나는 낙관하고 있다. 내 인생의 멘토를 찾을 수만 있다면 천리 길도 마다하지 않겠다고 한 너의 바람이 너무도 간절했기 때문이다. 그토록 간절한 것이라면 언제인가는 반드시 이뤄지고야 말더라는 걸 나는 이미 경험으로 알고 있어서이다.

그렇다하더라도 언제까지 기다리고 있을 수만은 없는 일이다. 내가 먼저 손을 내밀어야 한다. 내가 먼저 손을 내밀어 찾아 나서지 않는다면 어느 누구도 내 손을 잡아주지 않는다.

마음의 문을 먼저 열고 나서기로 하자. 「삼국지」에서 유비가 제갈공명을 얻기 위해 그의 초가를 세 번이나 찾아갔다는 '삼고초려三顧草廬' 도 그 좋은 예일 수 있다.

그도 쉽지 않다면 손으로 정성들여 쓴 편지를 띄워보는 것도 좋은 방법일 수 있다. 정성들여 나의 간절한 바람을 편지로 옮겨 쓸 때 편지를 받은 상대방 역시 그러한 진심을 느끼게 된다는 것을 나는 나의 오랜 경험을 통해서 알고 있다.

때문에 나는 상대방을 직접 만나서도 풀 수 없는 난제에 부딪칠 때면 으레 손으로 정성들여 편지를 쓰곤 한다. 또 그와 같이 편지를 띄웠을 때 십중팔구 난제를 풀 수 있었음도 고백하지 않을 수 없다. 정성들여 쓴 편지만큼 사람의 마음을 움직이는 것도 딴은 또 없다는 것을 확인할 수 있었던 것이다.

아무렇든 잠시 길을 잃고 당황하게 되었을 때 길을 물을 수 있는 그 누군가가 있다는 건 우리에게 또 다른 나침반이다. 이제 막 집을 나서 바깥 '세상' 으로 향하는 젊은이들에게는 무엇보다 절실한 희망이다.

庖 丁 解 牛

부엌 **포**　　백정 **정**　　풀 **해**　　소 **우**

늙은 백정은 소를 눈으로 보지 않는다.

포정은 소를 안다는 뜻이다. 늙은 백정은 굳이 소를 눈으로 보지 않고도 알 수가 있다는 것이다. 소를 눈으로 보는 것이 아니라 영혼으로 꿰뚫어 볼 수 있기 때문이다. 눈앞에 보이는 것만이 아니라 보이지 않는 길까지 알고 있다는 얘기다.

복수를 하고 싶을 때

살아가노라면 정말이지 참을 수가 없을 순간과 종종 마주하게 될 때가 있다. 반드시 앙갚음을 하지 않으면 안 될 때가 있다. 그렇게 하지 않고서는 도저히 내가 인내할 수 없을 것만 같은 때가 있고는 하다. 정녕 그때가 아니고선 다시는 돌아오지 않을, 따라서 결코 복수를 하지 않으면 안 될 그러한 순간과 정면으로 맞닥뜨릴 때가 있다.

하지만 그러기 위해서는 자칫 내가 위험에 처해질 수도 있다. 위험을 감수하지 않고서는 그러한 복수가 불가능할 수도 있다.

따라서 나는 나의 모든 것을 내걸어야 할지도 모른다. 내가 가진 모든 것과 맞바꾸게 되는지도 모르기 때문이다.

그러나 복수를 하기 위해서라면 어느 정도의 희생은 감수해야

만 한다고 생각한다. 아니 이미 그 정도의 희생쯤은 진즉부터 각
오가 되어 있는 터다.

더욱이 변명처럼 들릴지도 모르겠으나 이러한 복수가 꼭이 나
만을 위한 것이라고는 생각지 않는다. 그러한 악행을 여기서 끊
지 못하고 가만 내버려두었다가는 누군가에게 또다시 나와 같은
억울한 피해를 안겨줄 수 있다는 점에서 나는 기어이 응징을 하
고 싶다.

물론 두렵기도 하다. 요즘 들어서는 자나 깨나 온통 그 생각에
만 사로잡혀 있다. 너무 긴장한 나머지 옆에서 바스락 소리만 나
도 몸이 절로 움찔해지고는 한다.

한데도 나는 여전히 멈출 수가 없다. 기필코 복수를 하고야 말
겠다는 생각으로 뼛속 깊어진지 오래다. 나는 이미 굳은 결심을
끝낸 뒤인 것이다.

복수에 대한 옛 이야기가 많다. 복수의 역사가 예부터 그만큼
빈번했다는 반증이다. 그 가운데 다음 얘기는 지금도 내 기억에
또렷이 남아있다.

고대 인도에 장재長災왕이 있었다. 그가 이웃 나라 프라후마다타왕과 전쟁을 벌였으나 패전하면서 처형을 당하게 되었다. 그는 처형되기 직전에 함께 옥에 갇혀 있던 아들 왕자에게 이런 유언을 남겼다.

"오래 보아서도 안 된다. 짧게 서둘러서도 안 된다. 더구나 복수는 스스로 버릴 때만이 비로소 가라앉힐 수 있음을 잊지 마라."

결국 장재왕은 처형당하고 말았으나 왕자는 구사일생으로 풀려날 수 있었다. 그 후 왕자는 아버지의 원수를 갚기 위해 신분을 감추고 모습을 변장했다. 그리하여 프라후마다타왕의 시종侍從으로 들어가 두터운 신임을 얻었다.

그런 어느 날 드디어 기다리던 날이 찾아왔다. 군사를 이끌고 사냥놀이를 나갔다가 피로에 지친 프라후마다타왕이 시종인 왕자의 무릎을 베고 깊은 잠에 빠져든 것이다. 지금이야말로 아버지의 원수를 갚을 절호의 기회라고 생각한 왕자는 주저 없이 칼을 뽑아들었다. 그리곤 프라후마다타왕의 목을 겨냥했다.

그러나 다음 순간 아버지가 남긴 유언이 떠올라 그만 갈등하고 있는 사이 프라후마다타왕이 잠에서 깨어나고 말았다. 그와 함께 아버지의 복수도 끝내 하지 못한 채 모든 것이 발각되고야 말았다.

"그럼 네가 그 장재왕의 아들이었단 말이냐?"

프라후마다타왕은 놀라 왕자를 보며 물었다.

"그렇습니다."

"내가 너라 할지라도 그 순간 기어이 칼을 목에 꽂고야 말았을 텐데. 너는 잠들어 있는 나를 어찌 죽이지 않았느냐?"

왕자는 아버지 장재왕의 유언이 떠올라 차마 결행할 수 없었다고 사실대로 밝혔다.

"하면 부왕의 유언에 '오래 보아서는 안 된다'고 한 것은 대체 무슨 뜻이냐?"

"비록 사무친 원한이라 할지라도 언제까지나 품고 있어서는 안 된다는 말씀으로 들었습니다."

"'짧게 서두르지 말라는 건' 또 무슨 뜻이더냐?"

"그 또한 성급하게 우정을 저버려선 안 된다는 말씀으로 들었습니다."

더구나 복수는 스스로 버릴 때만이 비로소 가라앉힐 수 있다는

부왕의 유언이 있었음도 덧붙였다. 그러면서 왕자는 목숨을 구걸
하지 않을 터이니 부끄럽지 않게 어서 죽여줄 것을 부탁했다.

"네가 나를 죽이지 않았거늘, 내가 어찌 너를 죽일 수 있겠
느냐."

프라후마다타왕은 장재왕의 유언을 전해 듣고 크게 감동했다.
그리곤 부왕에 대한 자신의 과오를 왕자에게 대신 사죄했다. 뿐
만 아니라 전쟁에서 빼앗은 장재왕의 영토를 왕자에게 되돌려주
면서 화해했다.

이 이야기를 처음 읽을 때만 하여도 나는 고갤 가로저었다. 왕
자가 심약해 결국 진 것이라고 생각했다. 그 순간 아버지의 복수
를 반드시 했어야 옳다고 믿었다. 비록 원수로부터 사죄를 받아
내고 빼앗겼던 영토를 되찾는다 할지라도 두고두고 후회만이 남
을 거라고 확신했었다.

한데 세월이 흘러가면 갈수록 나의 그러한 확신은 점점 힘을
잃어갔다. 대신 장재왕이 아들에게 남긴 유언 가운데 '복수는 스
스로 버릴 때만이 비로소 가라앉힐 수 있다' 는, 그 마지막 대목이
한사코 반추되었다. 그 순간 프라후마다타왕의 목에 칼을 꽂아 복

수를 하였다하더라도, 과연 그것으로 아퀴를 지을 수 있겠는가에
대해 의문을 품기 시작한 것이다. 그보다는 스스로 버렸을 때 비로
소 가라앉힐 수 있다는 장재왕의 유언에 점차 힘이 실려 갔다.

그렇다. 장재왕의 아들과 같은 운명에 놓여 있는 이라면 어느
누구라도 복수를 꿈꾸기 마련이다. 복수를 하기 위해서라면 자신
의 남은 인생마저 기꺼이 바칠 수 있다고 다짐하고는 한다.

그러나 복수는 복수만으로 끝나지 않는다. 복수는 다시금 복
수를 낳게 된다. 복수는 결코 끝이 아닌 또다시 새로운 복수의 시
작점인 악의 고리일 따름이다.

처형당하기 직전에 장재왕이 아들에게 유언을 남긴 까닭은 그
런 이유에서였다. 스스로 버렸을 때만이 비로소 악의 고리를 끊
을 수 있다고 믿었던 것이다.

「논어」에 '군자불기君子不器' 란 고사가 전한다. 군자는 그릇이
아니라는 뜻이다. 군자는 무엇인가를 담을 수 있는 그릇에 머물
러서는 안 된다는 얘기다.

공자는 가장 이상적인 인간형으로 이런 군자를 꼽았다. 여기
서 군자란 비단 학식과 덕행이 높은 사람만을 일컫는 것은 아니

다. 군자란 어느 한두 가지에만 정통하고 고수하는 사람이 아니라 다양한 분야에서 이해와 수용을 갖춘 사람이라고 정의할 수 있다.

이에 반해 그릇은 그러하지가 못하다. 단순히 자신의 용도에 합당한 것만을 받아들일 수 있을 뿐, 다른 것은 수용하기 어렵다.

군자란 이같이 어느 한두 가지만을 담을 수 있는 그릇의 모습이어서는 안 된다는 것이다. 경직된 고정관념에서 벗어나 유연한 사고를 할 수 있어야 한다는 얘기다.

거듭 말하지만, 도저히 참을 수 없어 끝내 앙갚음을 하고픈 건 누구나 품어볼 수 있는 생각이다. 기어이 복수를 하지 않으면 안 될 그러한 순간과 정면으로 맞닥뜨렸다는 건 곧 한두 가지 정도는 담을 수 있는 그릇에 이르렀을 따름이다.

그러나 이 같은 생각과 그릇만으로는 결코 악의 고리를 끊지 못한다. 정녕 악의 고리를 끊고자 한다면 그러한 그릇을 과감히 깨뜨려버렸을 때 가능한 일이다.

누군가를 반드시 복수하고야 말겠다고?

그렇다면 지금 당장 그 그릇은 깨트려버려라. 그릇을 깨뜨려

버리는 순간 마침내 복수도 끝이 난다. 기어이 악의 고리를 끊어

버림으로써 복수에 조바심치는 증오를 비로소 가라앉힐 수 있게

되기 때문이다.

君 子 不 器

임금 **군**　　아들 **자**　　아니 **불**　　그릇 **기**

군자는 그릇이 되어서는 안 된다.

군자는 무엇인가를 담을 수 있는 그릇에 머물러서는 안 된다. 공자는 가장
이상적인 인간형으로 이런 군자를 꼽았다. 여기서 군자란 비단 학식과 덕
행이 높은 사람만을 일컫는 것은 아니다. 군자란 어느 한두 가지에만 정통
하고 고수하는 사람이 아니라 다양한 분야에서 이해와 수용을 갖춘 사람
이라고 정의할 수 있다.

거짓말에서
헤어날 수 없을 때

나는 거짓말쟁이다. 세상 사람들이 흔히 말하는 그 거짓말쟁이다. 남들을 감쪽같이 속이는 바로 그 거짓말쟁이다.

말할 것도 없이 거짓말은 옳지 못하다. 남을 속이려드는 건 지탄받아 마땅하다.

그러나 나도 이런 내 자신을 잘 모르겠다. 나도 내 자신이 왜 이러는 줄을 알 수 없다. 도대체 무엇 때문에 존재도 하지 않는 것을 영락없이 존재하는 것처럼 사람들을 한사코 속이려드는지 알지 못한다.

돌아보면 어쩌다 이 지경에까지 이르게 되었는지 스스로 속절없을 때도 있다. 누구도 대답해줄 수 없는 굴레에 갇혀 답답하기

그지없을 때도 많다.

물론 오늘 아침에도 나는 거짓말을 하지 않겠다고 또다시 자신에게 다짐했다. 오늘 하루 동안만이라도 거짓말을 하지 않는 날이 되겠다며 아침을 열었다.

한데 오래지 않아 그만 얼떨결에 거짓말을 한마디 하고는 말았다. 그렇다고 무슨 대단한 것도 아닌 아주 사소한 거짓말이었을 따름이다.

하지만 거짓말은 반드시 또 다른 거짓말을 낳기 일쑤다. 거짓말은 다시금 거짓말을 보태야만이 들통 나지 않는 까닭에 거짓말을 하는 순간부터 끊임없이 거짓말을 만들어내기 마련이다.

그리고 거기서부터는 멈출래야 도저히 멈출 수도 없다. 마치 작은 눈덩이를 굴려 커다란 눈사람을 만들어내는 것과 같이, 작은 거짓말이라도 사실처럼 보이기 위해선 자꾸만 거짓말을 만들어내지 않으면 안 되는 것이다.

더구나 거짓말은 대단히 간편하면서도 재빠른 중독성을 띠게 된다. 한번 발을 들여놓게 되면 누구나 그 간편한 중독성에 휘말려들어 헤어나기가 쉽지 않다.

때문에 나는 이러한 거짓말을 곧잘 브레이크 없는 자동차라고 말하곤 한다. 언제인가는 벽에 부딪쳐 그만 산산이 부서지고야 말겠지만, 지금 이 순간 거침없이 질주하고 있는 위험하기 짝이 없는 자동차라고.

「플루타크 영웅전」에 이런 얘기가 등장한다.

어떤 소년이 포도밭에 몰래 들어가 포도송이를 훔쳤다. 하지만 주인에게 이내 발각되고 말았다. 놀란 소년은 엉겁결에 포도 한 송이를 재빨리 자신의 옷 속에 숨겼다.

하지만 수상하게 여긴 포도밭 주인은 소년에게 포도송이를 훔쳤느냐고 캐물었다. 겁먹은 소년은 고갤 가로저었다. 위기를 모면하기 위해 자신은 결코 포도송이를 훔치지 않았다고 거짓으로 대답한 것이다.

한데 공교롭게도 훔친 포도송이 속에 숨어 있던 뱀이 기어 나와 소년을 그만 물어버렸다. 소년은 고통을 견딜 수 없어 사실을 실토하고 싶었으나, 포도송이를 훔치지 않았다고 주장한 자신의 거짓말 때문에 몸 안에 숨긴 포도송이를 꺼내지 못한 채 끝내 죽고 말았다.

거짓말은 이처럼 처음에는 그리 대단치 않은 것으로 시작되기 마련이다. 별로 대수롭지 않게 생각한 가운데 그저 단순히 상황을 모면해보기 위해 불쑥 상황을 포장할 따름이다.

하지만 결과는 전연 예기치 않은 방향으로 흐르고 만다. 상황을 모면해보기 위해 포장한 상황으로 말미암아, 예컨대 포도 한 송이 때문에 결국에는 죽음에 이르게 되고야 만 것이다.

물론 거짓말이 나쁘다는 걸 모르는 이는 없다. 굳이 「플루타크 영웅전」에 등장하고 있는 이런 얘길 꺼내지 않는다할지라도 거짓말이 가져올 결과가 얼마나 끔찍하다는 것 또한 이미 알고 있다.

한데도 너무나 손쉽게 거짓말을 하고는 만다. 상황을 순순히 받아들이지 못한 채 거짓말로써 한 순간을 모면하는데 조바심친다. 아니 거짓말을 그럴싸하게 포장하기 위해 또다시 거짓말을 반복하는 악순환의 덫에 스스로 갇히곤 마는 것이다.

이와 같이 거짓말을 하는 건 실은 사람들로부터 주목받지 못하기 때문이다. 사람들로부터 주목을 받고 싶어 상황을 왜곡시키고 만다. 사실을 왜곡시켜서라도 자신을 주목받는 이로 만들고픈 까닭에서다.

그러나 거짓말은 결국 나를 쓰러뜨리게 하는 질병과 같은 것이다. 결과 또한 생각보다는 전연 예기치 않은 방향으로 흘러가고 말 뿐더러, 더욱이 치명적이기까지 하다.

「삼십육계」에 '고육계苦肉計'라는 고사가 전한다. 살기 위해서는 살점도 도려낸다는 뜻이다. 비록 아프고 고통스럽더라도 생존하기 위해서는 마땅히 자신의 살점을 도려내는 고통마저 감내할 수 있어야 한다는 것이다. 결국 나를 쓰러뜨리게 하는 질병이 내 몸 안에 존재하고 있다면 그러한 환부는 반드시 도려내야만이 살아갈 수 있다는 얘기다.

우리는 누구나 상대방으로부터 주목받고 있지 않을 지도 모른다는 막연한 두려움을 마음속에 조금씩 간직한 채 살아가고 있다. 더구나 그런 상대방은 나에게 가장 가까운 가족일 수도 있다. 둘도 없는 친구일 수도 있으며, 혹은 나에게 중요한 또 다른 누구일 수도 있다. 결코 잃어버려서는 안 되는 존재들이기 때문에 상황을 왜곡시켜서라도 한사코 붙잡으려고 조바심을 치게 된다.

그러나 잊지 말아야 할 것이 있다. 결코 잃어버려서는 안 될 소중한 존재라면 보다 더 진실해야 한다는 것이다.

더욱이 상대방이 나를 주목하지 않는다고 공연히 지레 짐작하고 말거나, 또 그래서 두려워할 필요라곤 없다. 쓸데없이 그런 것에 신경을 써서 자기 자신을 위축시키고, 스스로 가진 능력을 충분히 발휘하지 못한다는 것은 억울한 일이 아닐 수 없다.

거짓말은 우리의 신경을 아주 잠깐 동안 곤두세우게 할 뿐이다. 그리하여 나와 너 어느 누구를 막론하고 모두에게 좋은 결과를 가져오지 못한다. 결코 잃어버려서는 안 될 소중한 존재들에게까지 실망스러운 결과를 초래할 따름이다.

물론 알고 있다. 네가 거짓말을 하는 건 상대방의 이익을 빼앗기 위한 것이 결코 아니라는 사실을. 포도송이를 훔치기 위한 것이 아니라 그저 단순히 사람들로부터 주목받기 위한 것일 뿐임을.

그렇다하더라도 거짓말은 병든 살점에 불과하다. 비록 아프고 고통스럽더라도 내 몸에서 반드시 도려내야만 할 환부이다.

그렇지 않고서는 결코 정상적으로 살아갈 수 없다. 정상적으로 살아가지 않고는 어느 누구에게서도 주목받을 수 없기 때문이다.

'나는 할 수 없어'라는 생각은 버려라. 자신의 이기심일랑 완전히 버리고 깨끗이 잃어버린 다음에, 그런 다음에 무심히 상대방과 마주했을 때 마침내 좋은 결과가 나타난다. 다소 좀 누추하더라도 조바심치지 않는 떳떳한 너를, 그러한 너를 주목케 된다는 사실을 꼭이 기억해두었으면 싶다.

苦 肉 計

쓸 고　　　살 육　　　계책 **계**

아프더라도 병든 살점은 반드시 도려내라.

나를 쓰러뜨리게 하는 질병이 내 몸 안에 존재하고 있다면 그러한 환부는 반드시 도려내야만이 살아갈 수 있다. 자신의 이기심일랑 완전히 버리고 깨끗이 잃어버린 다음에, 그런 다음에 무심히 상대방과 마주했을 때 마침내 좋은 결과가 나타난다.

자신이 불행하다고
느껴질 때

● 　　　나는 지금 웃지 못한다. 웃으려 애써보지만 얼굴이 따라오지 않는다. 얼굴이 바위처럼 굳어져 꿈쩍도 하지 않는 것이다.

아니다. 사실 나는 전연 웃질 못한다. 웃음을 잃어버리고 말았다. 웃음을 잃어버리고 만지 이미 오래 되었다.

하기는 마음 놓고 활짝 웃어본 지가 그 언제인지 모르겠다. 내게도 정녕 그러한 순간이 있었든가 하고 돌아도 보지만 그저 아득하기만 할 뿐이다.

때문에 행여 웃음을 잃어버리지나 않았는지 걱정된 순간도 있었다. 억지로라도 한번 웃어보려 한 적도 없지 않았다. 아무도 보지 않는 방안에 혼자 앉아 웃음을 청한 적도 있었던 것이다.

하지만 내게 웃음은 여전히 멀어보였다. 굳어지고만 얼굴을 억지로 펴기란 아무래도 어색하기만 한 것이었다.

이같이 나에게서 웃음을 빼앗아가고 만 것은 다름 아닌 불행이다. 어느 날 갑자기 찾아든 불행으로 말미암아 나는 그만 웃음을 송두리째 빼앗기고 말았다. 그 날 이후 두 번 다시 진심으로 웃어본 기억이라곤 아직 없다.

더구나 불행은 으레 짝으로 찾아들었다. 그 하나마저 거역하지 못해 어려움에 쩔쩔매고 있을 때 뒤이어 또 다른 불행이 시나브로 짝을 이루며 나를 한사코 옥죄어들었다.

불행은 그래서 헤어나기 어려웠다. 한번 불행한 사람은 계속 불행하게 된 이유가 거기에 있었다. 짝을 이뤄 끊임없이 옥죄어드는 그 한복판에 놓여 차마 이러지도 저럴 수도 없었던 것이다.

웃음을 아마 그때 잃어버린 것 같다. 내 얼굴이 바위처럼 굳어져 꿈쩍도 하지 않은 시점이 바로 그 무렵부터였던 것이다.

내가 원하는 것이 모두 다 이루어지면 나는 과연 행복할까?

나는 그 순간부터 정말 행복할 수 있을까?

원하는 것이 모두 다 이루어질 수만 있다면 더할 나위 없이 좋은 일이다. 적어도 그때부터는 부족함이란 없을 것이기 때문이다.

그러나 장담하건대 눈앞의 현실은 그렇지 못하다. 분명 내가 원하는 것이 모두 다 이루어졌음에도 나는 결코 만족하질 못한다. 원하는 것을 모두 다 이룬 다음 순간 또 다른 소원이 차례를 기다리고 있었다는 사실을 비로소 깨닫게 되는 것이다.

그러면서 행복은 또 다시 다음으로 미루어질 수밖에 없다. 끝내 행복할 수 없는 자신으로 돌아가 다시금 행복을 갈망하는 불행의 나락에서 해매일 수밖에는 없게 된다.

「맹자」에 '인생삼락人生三樂'이라는 고사가 전한다. 인생의 세 가지 즐거움이란 뜻이다. 사람이 살아가는데 세 가지 즐거움만 있어도 행복할 수 있다는 얘기다.

그 첫 번째는 부모 형제가 아무 탈 없이 모두 건강하게 살아 있는 즐거움이다.

두 번째는 하늘을 우러러 한 점 부끄럽지 아니할 뿐더러, 땅을 내려 보아도 남들에게 부끄럽지 않게 사는 즐거움이다.

세 번째는 젊은이들을 불러 모아 가르치는 즐거움이다.

맹자는 인생의 행복을 언급할 때 이 '삼락'을 두 번씩이나 반복해서 거듭 말하고 있다. 이 세 가지 즐거움이 있는 인생이라면 충분히 행복할 수 있다고 대답한 것이다.

우리 집 마당에 몸 붙이고 살아가는 꽃들 가운데 나는 나팔꽃을 가장 좋아한다. 어린 시절 시골집 담장에 흐드러지게 피어있던 나팔꽃은 지금도 내가 기억하는 즐거움 가운데 하나다.

그 때문에 마당이 있는 집으로 이사를 해오면서 아내는 이런저런 꽃들을 한껏 욕심냈으나, 나는 한 가지 씨앗만을 마당 한켠에 심었다. 이미 알고 있겠지만 나팔꽃이었다.

그리고 싹이 트자 나름대로 정성을 다했다. 하루도 거르는 일 없이 물을 공급해주는 것은 물론이고, 비바람에 덩굴이 떨어질 적에도 맘껏 뻗어나갈 수 있도록 줄로 묶어주는 수고도 마다하지 않았다.

그렇게 여름이 다가오자 마침내 홍자색 꽃을 피기 시작했다. 꽃이 처음 피어나는 날 아침은 말할 수 없이 기뻤다. 어린 시절 동심으로 돌아갈 수 있을 것 같은 기분마저 들었다.

한데 처음 피어난 꽃망울과 마주한 순간 이내 실망하고 말았다. 어린 시절 시골집 담장에 흐드러지게 피어난 그러한 꽃망울이 아니었다. 분명 홍자색 나팔꽃이 틀림없었으나, 커다란 꽃잎을 활짝 펼친 나팔 모양이 아니라 마치 가늘고 긴 트렘펫 모양이었던 것이다.

"나팔꽃을 심었더니 트렘펫꽃이 피어났네?"

아내와 나는 나팔꽃이 아닌 트렘펫꽃이 핀 거라고 서로 그렇게 부르곤 했다. 대형 마트에서 사온 씨앗이 국산이 아니라 중국산이었다는 사실을 한참 동안이나 모르고 있었던 것이다.

실망이 여간 컸다. 마당 있는 집으로 이사를 가게 되면 가장 먼저 이루 싶은 꿈이었는데 그만 그렇게 어긋나고야 만 것이다.

때문에 무더운 여름 내내 나는 심드렁했다. 아침이면 마당 가득 나팔꽃이 피었건만 애써 외면하고 말았다. 어린 시절에 본 그 탐스럽던 나팔꽃이 아니어서 거의 눈길을 주지 않았다.

한데 그 여름날도 아쉽게 마감하면서 장독대 옆에 서있는 감이 누렇게 익어가기 시작하자, 이번에는 까치들이 부산하게 우리집 마당으로 날아들었다. 먼저 아비 까치가 날아와 자리를 잡으면, 다음에는 어미 까치가 새끼 까치를 데려왔다.

처음에는 나도 아내도 별로 개의치 않았다. 아침이면 찾아와 울어대는 반가운 까치 소리가 그다지 싫지만은 않았던 것이다.

하지만 언제까지 그대로 두고 볼 수만은 없었다. 여름에 이미 청포도를 새의 먹이로 모두 잃은 아픈 기억이 있어 그만 그쯤에서 감을 거둬들이기로 한 것이다. 까치밥으로 대여섯 개만을 남겨둔 체 서둘러 감을 수확하고는 말았다.

그러면서 마당은 갑자기 화려함을 잃어갔다. 이름 모를 가을 꽃 몇 송이가 마당 구석을 쓸쓸히 지키고 있는 가운데 청포도의 낙엽들만이 뚝뚝 떨어져내렸다. 마당은 그렇게 내 관심에서도 멀어지고 말았었다.

그런 어느 날 아침이었는지, 출입문을 열고 마당으로 막 나서려다 그만 나는 무언가에 문득 사로잡혔다. 저만큼 담장 모퉁이에 피어있는 나팔꽃이었다.

무더운 여름날 끈질기게 손을 내밀어 생명력을 뽐내던 덩굴마저 시들어버리고만 지 오래인데다, 이미 꽃들도 져 이제는 마지막 남은 한 송이였다. 트렘펫 모양이라서 여름 내내 심드렁하긴 하였지만 쌀쌀해진 가을 아침에 마지막까지 피어있는 꽃송이와 정면으로 마주한 순간, 나는 그 나팔꽃을 차마 외면할 수 없었다. 끌리듯 나팔꽃 앞으로 걸어가 한참을 말없이 들여다보았다.

물론 그것은 매우 낯선 경험이었다. 그동안 내게 실망을 안겨주었다 하더라도 하나의 꽃과 정면으로 마주한다는 건 분명 지금껏 느껴보지 못한 또 다른 경이였다. 걸음을 멈추고 다시금 생각에 잠기게 하는 그러한 순간이었다.

나는 너에게 묻고 싶다. 불행하다는 너는 과연 너의 정면을 언제 바라본 적이 있었는지. 너의 정면을 진정 한 번이라도 똑바로 바라본 적이 있었는가를.

불행하다는 건 나의 옆면만을 바라본 성급한 투항이다. 나의 정면을 바라보지 못한 어리석은 자기 비하다. 그동안 살아오면서 무람없이 빼앗기고 짓밟혔다하더라도 어머니의 기도처럼 어딘가에 아직은 남아있을 행복한 그런 구석을 미처 다 돌아보지 못한 게으른 비겁함이다.

그러니 부디 너의 정면을 바라보길 바란다. 불행하다고 생각될 때마다 너의 정면을 똑바로 바라보길 바란다. 누군가에게 너는 정녕 눈물겹게 소중한 희망이자 생명의 존재라는 것을 발견하는 그 순간까지 너는 너의 정면을 뚫어져라 바라보길 바란다.

올해 정월 아내는 큰 수술을 했다. 목에 한 뼘이 넘는 칼을 기어이 들이대야 했다.

이른 아침, 수술실 밖에서 아들과 나는 수술이 무사히 끝나기만을 기다렸다. 아들과 나 또한 수술의 아픔을 속절없이 함께 겪고 있었던 것이다.

살려면 아픈 것이다. 아니 그것이 곧 사는 것이다. 살려고 그처럼 아픈 것이다. 잘 살려고 하면 할수록 더욱더 아픈 게 우리네 인생인 것이다.

끝으로 사족을 달아본다. 살아가다 그만 몹쓸 불행에 처하게 되고 말았을 때, 그래서 홀로 아플 수밖에 없을 때면 나는 어쩔 수 없이 음악에 기대곤 한다. 음악에 기대어 살고자 하는 고통을 겨우 감당하고는 한다.

그 중에서도 케텔베이^{Ketelbey}의 「페르시아 시장에서」와 박초월의 「추풍감별곡」은 내게 피안이다. 요즘 들어 부쩍 자주 찾아 기대게 되는 음악이다.

앞에 음악은 세파 속에 뭉개져 스러지고 만 행복했던 어린 시절을, 뒤에 음악은 아픈 영혼을 봄비처럼 여릿여릿 적셔 아픔 너머로 인도해준다. 비로소 나를 정면으로 바라볼 수 있도록 해주는 것이다.

人 生 三 樂

사람 **인**　　날 **생**　　석 **삼**　　즐거울 **낙**

지금 행복을 찾지 않으면 영원히 행복을 찾지 못한다.

인생의 세 가지 즐거움이란 뜻이다. 사람이 살아가는데 세 가지 즐거움만 있어도 행복할 수 있다는 얘기다. 첫 번째는 부모 형제가 아무 탈 없이 모두 건강하게 살아 있는 즐거움이다. 두 번째는 하늘을 우러러 한 점 부끄럽지 아니할 뿐더러, 땅을 내려 보아도 남들에게 부끄럽지 않게 사는 즐거움이다. 세 번째는 젊은이들을 불러 모아 가르치는 즐거움이다.

사랑하는 사람을 끝내
잃어버리고 말았을 때

내가 이제 무슨 말을 할 수 있을 것인가. 내가 이제와 또 무엇을 할 수 있을 것인가.

나는 지금 세상에서 가장 슬픈 사람이다. 사랑하는 사람을 잃어버렸기 때문이다. 나는 지금 세상에서 가장 슬픔에 차있는 사람이다. 사랑하는 사람을 차마 떠나보내야 했기 때문이다.

누군가는 내게 이렇게 말한다. 그래도 오래지 않아 그만 잊혀질 것이라고. 시간이 지나면 이내 잊혀지게 될 것이라고.

한데 나는 왜 이러는 것일까. 시간이 흐르면 그만 잊혀져야 할 사람이 더욱더 뚜렷하게 남는 것은. 그 사람이 떠나고 홀로 남은 빈자리가 이토록 커다랗게 자리하는 것은.

사랑하는 사람을 떠나보내고 내게 남는 것은 오직 슬픔 뿐이었다. 내가 만나고 보는 모든 것은 단지 슬픔에 차있을 따름이었다. 친구도 대화도, 아침도 저녁도, 바람도 비오는 거리도, 음악도 영화도 소설도, 심지어는 여행까지도 모두가 슬픔으로 얼룩져 있기만 했다.

그래서 나는 그런 것으로부터 멀어지지 않으면 안 되었다. 친구도 대화도, 아침도 저녁도, 바람도 비오는 거리도, 음악도 영화도 소설도, 심지어는 여행까지도 철저히 외면할 수밖에는 없었다.

그러면서 나는 이제 혼자가 되었다. 슬픔으로 얼룩져 있는 그 것들을 뒤로 하고서 비로소 이제는 홀로 남게 된 것이다.

아, 그렇다고 기억 속에 남아 있는 슬픔마저 떠나보낸 건 아니다. 추억 속에 남아있는 가슴 저미는 슬픔마저 아주 떠나보낸 것은 아니다.

이처럼 나는 지금 세상에서 가장 슬픈 사람이다. 사랑하는 사람을 잃어버린 사람만큼 슬픈 사람도 딴은 또 없다.

젊은 날 나는 신문 기자로 사회에 첫 발을 내디뎠다. 돌아보면 마치 어제 일처럼 지금도 눈앞에 선하지만, 그때의 신문사 안은 어느 하루도 전쟁 같지 않은 날이 없었다.

이태 뒤 월간지로 자리를 옮겨 앉으면서 신문사를 그만 둘 때까지 다행히 단 한 번도 마주친 적은 없지만, 사회부장 같은 이는 매우 독특한 악당(?)이었다. 그는 우선 아침에 출근했을 때부터 통 자리에 앉지를 않았다. 담배를 피우고 있을 때를 제외하곤 거의 쓸모가 없는 왼손을 바지주머니 안에 삐딱하게 찔러넣고서 온종일 책상 앞에 붙어 서서는, 누구에게 그러는지 몰라도 전화기에 대고 고래고래 소리를 질러대거나, 그도 아니면 자기 분을 삭이지 못해 유리 재떨이를 바닥에 박살내버리기 일쑤였다. 암튼 박정희 정권의 말기였으며, 사고와 사건도 유난히 많았던 시절이다.

그런 속에서 나는 편집부의 한쪽 구석에 앉아 있었다. 취재 현장에서 뛰는 기자들이 미처 신문사로 돌아오지 못해 기사의 주요 내용을 전통(전화로 연락)으로 불러주면, 데스크의 조율을 받아 원고를 신속하게 작성하는 일을 맡았다. 코가 뾰족해서 '피노키오'라는 닉네임을 가진 선배 여기자와 둘이서 그 일을 하고 있었으나, 그렇대도 매일같이 마냥 쫓길 수밖엔 없었다. 나 혼자서 상대해야 하는 기자만도 하루면 열 명 스무 명이 되어, 오후 마감 시간 전까지는 그야말로 화장실에도 마음 놓고 갈 수 없을 지경이었다.

물론 홍미로운 일도 적지 않았다. 서슬 퍼런 독재 정권에 굴하지 아니하고 치열하게 살고자 하는 뜻 깊은 젊은 동료들을 발견할 때면 밤새워가며 술을 마셔도 아침이면 어김없이 출근을 할 수 있곤 했다.

그리고 그런 동료들 가운데는 최근 들어 버스 광고를 통해서 비로소 다시금 얼굴을 본 친구도 있다. 무슨 죽염 회사를 경영하는지, 깊은 산속에 사는 백발의 도인 같은 얼굴을 버스 광고 속에서 심심찮게 마주치고는 한다. 자주 어울렸던 젊은 동료들 가운데 체구가 가장 왜소했던 친구다.

아무렇든 그처럼 이제 막 세상에 대해 조금씩 눈떠가고 있을 즈음이었다. 그럴 무렵 우연히 만나게 된 후배 기자 이은우의 모습은 지금도 가슴 한켠에 아련한 멍울로 남아 있다.

전날 밤에도 술을 진창 마셔 집에 들어가지 못한 채 근처 목욕탕에서 몸을 씻는 둥 마는 둥 하고는 보란 듯이 새벽 일찍 출근을 하는데, 놀랍게도 우리 일행보다 먼저 출근해 있는 이가 있었다. 신문사 정문 한쪽에 초라하게 쭈그려 앉아있는 바로 그 이은우였다.

그도 전날 밤에 누군가와 밤새워 술을 마셨는지 옷이며 얼굴이 엉망진창인 채로였다. 그러나 우린 상관치 않았다. 그와 서로 어깨동무를 한 채 기세 좋게 사무실로 향했다. 이은우와의 만남은 그렇게 시작되었던 것이다.

하지만 그에 대해 나는 아직 아무 것도 모른 상태였다. 더욱이 그 날 이후에도 그는 얼굴보기가 쉽지 않았다. 낮 동안에는 서로가 바쁜 탓에, 또 퇴근 이후에는 서로의 관심사가 달라서일 거라고 생각하고 말았다.

물론 간혹 그의 모습이 목격되기도 했었다. 전날 밤에 또 누군가와 밤새워 술을 마셨는지 늘 헝클어져 있는 그런 모습이었다.

더구나 그를 대하는 주위의 시선은 싸늘하기만 했다. 어두운 시대를 고민하는 우리의 아픔과는 다른, 시쳇말로 딴 데 한눈이 팔려있는 거라고 했다. 그때 그는 실연을 당하여 못내 고통스러워하고 있었던 것이다.

뿐만 아니라 그의 헝클어진 그런 모습에 대해 신문사 안에서도 알 만한 사람은 다 알았다. 이제 곧 그의 얼굴을 보지 못하게 되리라는 걸 모두가 기정사실로 여기고 있는 듯이 보였다.

결국 그는 신문사를 그만 두게 되었다. 그리고 곧이어 일본으로 유학을 떠나고 말았다.

그 날 이후 그의 소식을 여태 듣지 못하고 있다. 다른 동료들 또한 마찬가지였다. 우리에게서 점차 지워져갔던 것이다.

하지만 나는 그를 잊은 것이 아니었다. 일본으로 떠나기 전 마지막 날밤, 몇몇 동료들과 함께 한 환송연 자리에서였다. 마땅히 술이 빠질 수 없었고, 그가 술에 취하자 내 어깨에 얼굴을 기댄 채 하염없이 흐느끼기 시작했다. 내 온몸을 가늘게 뒤흔들며 흐느끼던 그 울음소리를 내 기억 속에 육화시켜 둔 채 떠나갔던 것이다.

그리고 그와 그렇게 헤어진 지 무려 20년이 지나서 ‘사랑이 가까워지면 이별도 가까워진다’는 첫 문장이 어느 날 갑자기 쓰여졌다. 원고 마감일 불과 보름여를 남겨두고서 천매 분량의 장편소설을 그야말로 단숨에 써내려갔다. 사랑을 잃어버리고 방황하는 그의 진실에 바치는 나의 헌사였다.

그렇게 탄생케 된 작품이 장편소설 「은어」다. 비록 은어를 의

인화한 작품이긴 하여도 이은우라는 이름과 그의 순결한 사랑을 기억하기 위해 일부러 섬진강의 은어를 택하게 된 것이었다.

「주역」에 '덕미이위존德微而位尊' 이란 고사가 전한다. 덕은 보잘 것이 없는데 그저 지위만 높다는 뜻이다. 다시 말해 머물러 있어서도 안 될뿐더러, 나아가고 물러날 때를 분명히 알아야 한다는 얘기다.

사랑은 새와 나무와 같은 것이다. 새는 자유로이 허공을 날 수 있다. 한 곳에 자리 잡고 사는 텃새도 없지 않으나, 대개 철따라 떠나가는 새들이 더 많다.

한데 나무는 자유로이 움직이지 못한다. 한 곳에 뿌리를 내린 채 숙명처럼 살아가지 않으면 안 된다.

이래서 사랑은 늘 비극성을 띠기 마련이다. 자유로이 날 수 있는 새는 철따라 떠나가야만 하고, 뿌리를 내린 채 움직일 수 없는 나무는 그런 새와 함께 하지 못한다.

나무와 새의 운명이다. 감당할 수 없는 엇갈린 슬픔이다.

젊은 날, 나는 한때 기다려주지 못하고 떠나가는 사랑 때문에 한동안 가슴앓이를 했던 추억이 있다. 그 추억에서 쉬 떠나지 못해 조바심쳤던 슬픈 나날들이 있었다. 행여 지난 추억이 되살아나 돌아와 줄지도 모른다는 막연한 미련 때문에 밤늦도록 가로등 밑에서 서성였던 적이 없지 않았다.

물론 이해한다. 사랑을 잃어버린 것만큼 큰 슬픔도 딴은 또 없다는 것을. 그렇게 슬픔이 큰 까닭은 어떤 이는 자기 종족의 슬픔까지도 북받치기 때문이라고 말하더라는 것을.

하지만 잊지 마라. 떠나가는 자는 다시는 돌아올 수 없는 새일 따름이며, 남는 자는 뿌리를 내리고 숙명처럼 살아가야 할 나무일 뿐임을. 철따라 떠나가는 새가 또다시 나무를 만나듯이, 남아 있는 나무 또한 반드시 새로운 새가 깃든다는 사실을.

더욱이 떠나보내야 하는 슬픔은 반드시 젊은 날의 통과의례 같은 것만은 결코 아니다. 나이가 들어서도 그렇듯 속절없이 떠나보내야 하는 슬픔은 끊이지 않고 이어지기 마련이다. 나의 아버지를, 어머니를, 스승을, 그리고 수많은 나날들을 나와 함께 했던 사랑하는 이들을….

그러면서 마침내 깨닫게 되었다. 죽음의 이별조차 서서히 잦아드는 것이 아니라 팽팽하던 빨랫줄이 한순간에 뚝 끊어지고 마는 것처럼 그렇게 갑작스레 찾아오는 것임을.

사랑이라고 뭐가 또 다르겠는가. 사랑의 최후 또한 죽음의 이별과 마찬가지로 전연 예기치 않은 한순간에 찾아들기 마련이다. 때문에 그것을 잃어버리고는 어떠한 것도 할 수 없을 것 같은 청맹과니가 되어버리기 일쑤인 것이다.

그러나 떠나가는 새를 붙잡으려들지 마라. 그것처럼 어리석고 슬픈 일도 또 없다.

나무를 떠나가는 새는 이미 그 이전의 새가 아니다. 이전의 사랑이 걸코 아닌 것이다.

설령 그렇게 떠나갔던 새가 다시 돌아온다 할지라도 결코 속아 넘어가서는 안 된다. 그건 고작 껍데기만이 돌아온 것일 뿐이다. 이미 다른 사랑인 것이다. 그토록 진실했던 사랑은 사라지고 다른 껍데기사랑이 돌아온 것 뿐임을 잊어선 안 된다.

그렇기 때문에 한번 떠나간 새는 다시 돌아보지 마라. 다시는 생각지도 마라. 이를 악물고서라도 이제는 아름다운 추억으로 그만 덮어두어라. 그런 지극한 사랑을 이미 떠나간 새에 헛되이 바치지 마라.

그보다는 다시금 날아올 미지의 새를 기다려라. 그러한 사랑을 가슴 깊이 간직해 두었다가 다시금 날아올 미지의 새에 고이 바쳐라. 한사코 사랑을 찾으려고만 하지 말고 스스로 만들어라. 아름답게 만들어라. 철이 바뀌어도 결코 떠날 줄 모르도록 그처럼 아름답게….

德　微　而　位　尊

덕 **덕**　　작을 **미**　　말 이를 **이**　　자리 **위**　　높을 **존**

나아가고 물러날 때를 분명히 알아야 한다.

떠나가는 자는 다시는 돌아올 수 없는 새일 따름이며, 남는 자는 뿌리를 내리고 숙명처럼 살아가야 할 나무일 뿐임을. 철따라 떠나가는 새가 또다시 나무를 만나듯이, 남아있는 나무 또한 반드시 새로운 새가 깃든다는 사실을 잊어선 안 된다.

나 홀로 고독할 때

홀로 되어본 적이 있는가. 아무도 없는 곳에 홀로 되어본 적이 있는가. 아무리 외쳐 불러보아도 자신의 낮은 숨소리만을 들어본 적이 있는가. 그렇게 홀로 되어 들숨 끝이 서럽게 떨려본 적이 있는가. 정녕 그와 같이 혼자 되어본 적이 있는가.

홀로 고독해본 적이 있는가. 홀로 고독하여 하늘만을 바라본 적이 있는가. 하늘만을 바라보다 오열해본 적이 있는가. 그렇게 오열하며 석양의 놀이 저물어가는 것을 하염없이 바라본 적이 있는가. 홀로되어 고독하다는 것이 그 얼마나 사무치는 아픔인 줄을 정녕 느껴본 적이 있는가.

나는 혼자 고독할 때가 두렵다. 세상과 영영 격리되고 말지도 모른다는 두려움에 떤다. 세상과 이렇게 영영 격리되어 그만 초라하게 잊혀질 지도 모른다는 생각에 사로잡히고는 만다.

그럴 때면 무턱대고 전화를 한다. 여기저기 전화라도 해야 안심이 된다. 전화를 해서 친구의 메시지라도 받아야 비로소 안도하게 된다. 하루라도 그같이 확인하지 않고서는 두려움에서 벗어날 수 없다. 고독에서 헤어날 수가 없다.

그러나 친구들은 모두 행복하기만 하다. 전화 바깥에서 들려오는 친구들의 모습은 고독한 나하고 달리 그저 모두가 행복하기만 하다. 야속하게도 나로부터 저 멀리 떨어져 오직 다른 곳만을 응시하고 있을 따름이다. 두려움에 떨고 있는 나의 고독한 아픔을 누구도 바라보아주지 않는다.

결국 나는 친구의 전화를 끊고 만다. 친구의 전화를 끊고 나면 나는 다시금 홀로 남게 된다는 것을, 홀로 남게 되면 또다시 고독한 아픔에 떨 수밖에 없다는 것을 알면서도 그만 속절없이 끊고는 만다.

행복한 친구들과 고독한 아픔에 떨고 있는 내가 서로 바라보는 시선이 달라서이다. 그런 행복한 친구들을 찾게 되면 될수록 나의 고독은 더욱 깊어만 가고, 아픔 또한 커져만 가기 때문이다.

나의 고독은 어느 누구도 나눌 수 없는 절대 혼자의 것이기 때문이다.

어느 시인이 말했다. 사람이니까 고독하다고.

그러나 고독한 것이 어디 사람만이겠는가. 생명이 있는 것은 모두 다 외롭지 않겠는가. 나뭇가지一支 하나, 나뭇잎一葉 하나라도 다 고독에 떨고 있는 것이 아니겠는가.

신은 왜 이같이 생명이 있는 것은 모두 다 외롭게 만들었을까. 나뭇잎 하나에 이르기까지 고독하도록 만들어야 했을까. 그렇게 했던 데에는 필히 무슨 곡절이 있었기 때문이 아닐까.

「장자」에 '무용지유용無用之有用'이란 고사가 전한다. 쓸모없는 것이 곧 쓸모 있다는 것이다. 쓸모없어 보이는 것이 실은 가장 쓸모 있다는 뜻이다. 다시 말해 세상에 쓸모없는 것이란 하나도 없다는 얘기가 다름 아니다.

나는 늘 고독하다. 고독에 사로잡혀 있다. 고독해야 살아갈 수 있는 알 수 없는 영혼에 갇혀 살고 있다.

어제만 해도 그렇다. 하루를 보내는 동안에 말 한마디 하지 못했다. 아침이면 아들이 가져다주는 차 한 잔이 세상과 만나는 유일할 순간일 때도 있다.

때문에 나를 만나고자 하는 이라면 거의 거절해 본 일이라곤 없다. 적어도 지금까지는 그랬다.

또 그처럼 외출을 하게 되는 날이면 혼자서 설레기 마련이다. 마치 무슨 좋은 일이라도 잔뜩 만날 것만 같은 부푼 기대를 안고 약속한 시간보다 일찍 나가게 된다. 이미 골목길을 내려갈 때부터 눈에 띠는 세상의 모든 것이 그저 다 신기하게만 보일 따름이다.

한데 이상하게도 내가 만나게 되는 사람들은 대개 시간에 쫓기며 산다. 굳이 쫓는 것도 아닌데도 고작 차 한 잔 마실 시간이 전부다. 찻집 바깥에서 헤어지게 되면 나는 다시 속절없이 거리에 혼자 남겨진다. 거리에 혼자 남아 어디로 가야할지 막막해지는 것이다.

하지만 날이 어두워지기 전에는 좀처럼 집으로 돌아가지 않게 된다. 또 누구를 찾아가게 되거나, 그도 아니면 또 다른 찻집에 들어가 하염없이 창가에 자리를 지키고 앉았더라도 해가 기울어서야 마지못해 집으로 돌아오고는 한다.

잠들기 전에는 다시금 고독에 사로잡히지 않기 위해서다. 고독에 갇히는 일이 죽도록 싫어서이다.

너는 내게 말했다. 홀로 되어본 적이 있는가, 아무도 없는 곳에 홀로 되어본 적이 있는가, 아무리 외쳐 불러보아도 자신의 낮은 숨소리만을 들어본 적이 있는가, 그렇게 홀로 되어 들숨 끝이 서럽게 떨려본 적이 있는가, 정녕 그와 같이 혼자되어 본 적이 있는가 하고.

고백하건대, 실은 내게 글 쓰는 작업보다도 더 힘든 건 고독한 것이었다. 글 쓰는 작업도 힘이 드는 건 사실이나 그보다도 고독해서 글쓰기를 그만 두고 싶은 때가 어제 오늘이 아니었다. 글을 쓰기 위해 절대 고독해야 한다는 것이 내게는 너무도 가혹하기만 했던 것이다.

한데, 한데 말이다. 암만 생각해도 나는 고독하기 때문에 비로소 글을 써올 수 있었던 것 같다. 고독하기 때문에 지금껏 살아올 수 있었던 사실을 고백하지 않을 수 없다.

더구나 나는 매일같이 깨닫고 있다. 똑같은 시간 속에서 작업을 하였는데도 그 결과가 서로 차이가 날 수 있다는 것을. 마치 세상에서 홀로 떨어져 외톨이가 된 것 같은 절대 고독 속에서 작업을 했을 때와 그렇지 않았을 때의 차이가 천양지차라는 것을. 말할 나위도 없이 그만큼 집중할 수 있었던 탓이다.

그렇다. 고독은 절망이 아니다. 절망이 아니라 오히려 또 다른 기회이다. 절대 고독하였기 때문에 비로소 불망의 꿈을 발견할 수 있었던 것이다.

그러니 다소 좀 고독하더라도 여기저기 무턱대고 전화하지는 마라. 친구의 메시지조차 기다릴 것이 없다.

젊은 네게 무엇이 두려울 것이냐. 도대체 또 무엇이 두렵다고 한사코 고독을 피하려고만 하는 것이냐.

조금도 두려워 말고 받아들여라. 젊은 너의 가슴으로 기꺼이 끌어안아라.

젊음이란 누구에게나 고독한 것이다. 그렇게 홀로 꿈을 찾아가는 것이다. 그렇게 고독하다보면 마음의 한 구석 어딘가에 간직하고 있던 너의 꿈을 정면으로 만나게 될 지도 모른다. 그렇게 만나게 되는 꿈이 가장 아름다운 것이다.

無 用 之 有 用

없을 **무**　　쓸 **용**　　갈 **지**　　있을 **유**　　쓸 **용**

쓸모없는 것처럼 보이는 것이 실은 가장 쓸모 있는 것이다.

고독은 절망이 아니다. 절망이 아니라 오히려 또 다른 기회이다. 절대 고독하였기 때문에 비로소 불망의 꿈을 발견할 수 있었던 것이다.

삶에 지쳐 희망이
보이지 않을 때

아무래도 나는 지치고 만 것 같다. 아무래도 나는 나를 잃어버리고야 만 것 같다.

한때 반짝거렸던 눈동자는 이미 빛을 잃었다. 꿈에 부풀어 올랐던 가슴은 속절없이 허물어져내려 이제는 손가락 하나 움직일 만한 의욕마저 상실한 지 이미 오래다.

나는 이제 더는 용기를 낼 수 없을 것 같다. 어금니에 금이 가도록 이를 악물었던 그 굳센 의지는 어디로 사라지고 말았는지, 이제 나는 더 이상 인생이라는 여정을 함께 할 수 없을 것 같다. 이제는 이 힘겨운 여정을 중단하고 만 채 스스로 포기하는 수밖에는 달리 다른 방법이라곤 없을 것 같다. 그간 손에 쥐어보려 애를 써야 했던 모든 것을 이제는 그만 놓아버려야만 할 것 같다.

희망도 보이지 않는 것 같다. 대신 그 자리엔 절망만이 날로 커켜이 쌓여가고 있다. 절망만이 쌓여가 도무지 희망의 불씨마저 되살릴 수 없을 것 같다.

몰론 살고 싶다. 누구보다 살고픈 마음이 간절하다. 뼈에 사무치도록 나는 살고 싶다.

그러나 비정한 현실은 자꾸만 나를 억누르려 든다. 삶에 지쳐 꿈도 희망도 잃어버리고만 나를 가만 내버려둘 것 같지 않다. 끝내 바닥의 맨 끝까지 기필코 끌어내리려 한사코 안달이다.

나는 한때 등산에 흠씬 빠져 산 적이 있다. 휴일이면 만사를 제쳐두고서 친구를 따라 어김없이 배낭을 둘러매고는 했다. 하루 두 갑씩 이십여 년 넘게 피워왔던 담배를 건강 때문에 어쩔 수 없이 끊고 난 뒤, 뒤이어 나타나는 금단현상에서 헤어나기 위한 몸부림이었다.

그렇게 산을 오르내리기 시작하면서 나는 사람들이 왜 산을 그토록 오르려하는지를 알게 되었다. 건강하게 자연을 만끽하는 것쯤은 겉으로 드러난 피상적인 이유일 뿐, 실은 등산을 통해서 자기 정화라고나 할까. 세상을 살아가면서 또다시 감수할 수밖에 없었던, 지친 삶을 등산 속에서 저마다 그 위안을 찾아간다는 걸 비로소 알 수 있게 된 것이다.

흔히 산을 오르는 건 우리네 인생과도 닮았다고 말한다. 그도 그럴 것이 정상에 오르기까지는 힘들지 않는 산이란 없다. 으레 숨이 턱밑까지 차오르기 마련이고, 그도 모자라 오를 때마다 곧잘 지쳐 쓰러지기 직전에까지 이른다. 숙달되지 않은 이가 산을 오를 때는 몇 번을 또 쉬어 가야만이 마침내 오를 수 있다. 정상에 오르기까지는 실로 험준한 비탈길을 힘겹게 오르고 또 올라야만 하는 것이다.

그러나 정상은 더 이상 산이 아니다. 거기서부터는 더 이상 오를 수 없는 광활한 허공만이 전개될 따름이다. 끝없이 펼쳐지던 능선이 더 이상 존재하지 않는다.

더욱이 정상에는 나무 그늘 한 조각 찾을 수 없다. 뾰족하게 솟아오른 바위너설만이 위태롭게 겨우 자리를 내어주고 있을 뿐, 그 위에는 지난 천년 동안 불어온 바람마저 무심하게 거칠기만 하다.

따라서 정상에 오르면 오래 머물지 못한다. 끝없이 펼쳐지는 능선을 타고 할딱할딱 숨 가쁘게 올라왔지만 이내 하산을 서둘러야만 한다. 이래서 흔히 산과 인생이 서로 닮았다고 얘길 하는 것이다.

공자가 엮었다는「시경詩經」에 ‘절차탁마切磋琢磨’라는 고사가 전한다. 자르고 썰고 쪼고 간다는 뜻이다. 옥玉으로 작품을 만들기 위해서는 하루아침에 만들어지지 않는다는 얘기다.

우리네 인생과도 닮았다고 말하는 산을 오르는 것 역시 마찬가지다. 단 번에 정상까지 올라갈 수 있는 길이란 어느 산에도 존재하지 않는다. 자르고, 썰고, 쪼고, 또 수많이 갈은 뒤에야 비로소 옥으로 작품을 만들 수 있는 것처럼, 산을 오르는 것 역시 이와 조금도 다르지 않다.

그렇다고 모두가 다 성공하는 것도 아니다. 어느 누구라도 자기가 원하는 사람이 된다는 건 결코 쉽지 않은 일이다.

그래서 저마다 힘겹게 산을 오르지만 정상까지 밟는 이는 그리 많지가 않다. 정상까지 오르는 일을 스스로 포기하고 만 채 중도에서 그만 만족하는 이들 또한 얼마든지 볼 수 있다.

아니 설령 성공했다하더라도 정상에선 누구도 오래 머물지 못한다. 허공을 자유롭게 날 수 있다는 새조차 오래도록 머물 수는 없다. 정상에 오르게 되면 누구나 반드시 내려와야만 하는 것이다.

물론 나는 너를 이해한다. 산을 오르기 위해 그동안 안간힘을 다하였다는 것을. 그렇게 살고자 수많이 다짐하고 또 다짐하였다는 것을. 어금니에 금이 가도록 이를 악물었었다는 것까지를.

그렇대도 여기서 단념은 결코 안 된다. 비록 오늘은 중도에서 그만 포기하고 말았다하더라도 내일은 또 내일의 새로운 마음가짐으로 다시 나서보아라.

때로 삶에 지쳐 희망이 보이지 않을 때면 다시금 어서 산으로 가라. 산으로 가서 위안을 받아라. 산으로 가서 인생이 무엇이지를 비로소 깨달도록 하여라.

어쩌면 처음 한동안에는 그 대답을 듣지 못할 수도 있다. 하지만 실망하거나, 산을 오르는 것을 포기하지는 마라. 오르고 또 오르다보면 산은 분명 너에게 그 대답을 들려줄 것이다. 때로 삶에 지쳐 희망이 보이지 않을 땐 과연 어떻게 해야 하는지를. 산은 그런 너를 위해 오늘도 그같이 우뚝 서 기다리고 있다. 네가 찾아오기만을 지금 이 순간에도….

切 磋 琢 磨

자를 **절**　　썰 **차**　　쫄 **탁**　　갈 **마**

옥으로 만든 작품은 하루아침에 만들어지지 않는다.

때로 삶에 지쳐 희망이 보이지 않을 때면 다시금 어서 산으로 가라. 산으로 가서 위안을 받아라. 산으로 가서 인생이 무엇이지를 비로소 깨달도록 하여라.

너에게 띄우는
서른두 번째 편지

잊지 마라, 인생이란 어차피
내가 그려나가는 내 그림인 것을

돌아보면 먼 길이었다. 어떻게 걸어왔는지 모를 참으로 머나먼 길이었다. 그 새 여러 번 계절이 바뀌고, 세월도 켜켜이 드러누워, 이제는 기어이 그 끄트머리까지 오고야 말았다.

하지만 어느덧 묵은 정이라도 들었던 것일까. 그만 헤어지자 생각하니 아쉬움이 남는다. 정든 너와 이대로 헤어지자니 속절없이 가슴이 미어진다.

서른두 번째 편지를 띄운다. 아무래도 네게 보내는 마지막 편지가 될 것 같다.

마지막이라고 말할 땐 언제나 아픔이 밀려든다. 입 밖에 꺼내지 말아야 할 고백을 끝내 하고야 만 것처럼 어쩔 수 없이 지난 시간들을 뒤돌아보게 된다.

그러나 마지막은 간결해야 한다. 그래야만이 돌아설 수 있다. 차마 떠나야 하기 때문이다.

인간은 어차피 내던져진 존재다. 혼자 일어나야만 한다. 혼자서 불끈 일어나 붓을 들어야만 하는 것이다.

그리고는 그림을 그려나가야 한다. 저마다 주어진 흰 그림종이 위에 인생이라는 자신의 그림을 스스로 그려나가야만 한다.

그리하여 어떤 이는 행복을, 또 어떤 이는 불행을 그려나간다. 또 다른 어떤 이는 아름다운 그림을 그려나가는가 하면, 또 다른 어떤 이는 고뇌에 겨운 그림을 그려나가기도 한다.

그렇다면 나는 지금 어떤 풍경을 그리고 있는 것인가. 내가 그린 내 인생의 그림은 과연 어떠한 풍경인가. 나는 지금 어떠한 작품을 한사코 붓질해가고 있는 것인가.

기억할 것으로 본다. 나는 너에게 띄우는 첫 번째 편지에서 낙타 얘기를 했었다. 낙타는 왜 푸른 초원을 내버려두고 뜨거운 사막으로 걸어갔는지. 그 알 수 없는 의문에 그간 생각에 잠겨들곤 했다는.

하지만 이제는 때가 된 것 같다. 아무래도 그 의문에 대해 얘기를 들려줘야 할 때가 되었다.

낙타가 사막으로 간 것은 누구의 강요에 의해서가 아니었다. 그가 스스로 걸어간 길이었다. 어떤 누구에 의해서가 아니라 순전히 자신의 의지에 따라서였다. 맹수들이 들끓는 푸른 초원보다는 자기 자신과 싸울 수 있는 뜨거운 사막을 선택한 것이었다. 낙타는 곧 자신의 자유 의지를 찾아 푸른 초원을 내버려두고 뜨거운 사막으로 걸어갔던 것이다.

부디 잊지 말기를 바란다. 다른 건 모두 잊는다 하더라도 정말이지 이것만은 결코 잊지 않았으면 한다. 너 또한 흰 그림종이 위에 인생이라는 그림을 그려나갈 땐 사막을 건너가는 낙타를 잊지 않았으면 싶다. 푸른 초원을 내버려두고 뜨거운 사막으로 걸어간 낙타를 가슴에 간직했으면 싶다. 그 자유로운 영혼을 꿈꾸었으면 싶다.

잠들기 전에 읽는 명상 고전

1판 1쇄 발행 2012년 1월 15일
지은이 박상하 **펴낸곳** 북씽크 **펴낸이** 최석원
주 소 서울시 성동구 행당동 192-29 성동샤르망 1019호 **전 화** 070-7808-5465
등록번호 제206-86-53244 **ISBN** 978-89-966548-7-2 **이메일** bookthink2@naver.com
Copyright ⓒ 2012 박상하

＊잘못된 책은 구입처에서 교환해 드립니다

M E M O

M E M O

MEMO